# 100 Karten

# über die Ukraine

### und ~~die Spezialoperation~~ den Krieg

Erste Auflage 2022

KATAPULT-Verlag Greifswald
© Copyright Katapult-Verlag GmbH 2022

www.katapult-verlag.de
verlag@katapult-verlag.de

Redaktion:
Nils Baschab, Jeremy Connor, Jonathan Dehn, Tim Ehlers,
Benjamin Fredrich, Alexander Fürniß, Kristin Gora, Lilly
Graschl, Patricia Haensel, Sebastian Haupt, Laura Heinisch,
Juli Katz, Anja Köneke, Daniela Krenn, Felix Lange, Lukas
Laureck, Tobias Müller, Roksana Panashchuk, Travis Sauer,
Mascha Shykolay, Phillip Shykolay, Bohdana Trachuk, Jasemin Uysal

Lektorat:
Philipp Bauer

Layout:
Laura Heinisch

Gesetzt aus der Frutiger LT und der Oswald
Druck und Bindung: Optimal Media, Röbel
Papier: Magno Volume
ISBN 978-3-948923-41-9

**✦KATAPULT**

# Souverän wie nie zuvor

Der russische Präsident Wladimir Putin hat mehrfach behauptet, dass es die Ukraine gar nicht gebe. Er spricht diesem Staat seine Souveränität ab, seine eigene Kultur und die Freiheit, selbst zu entscheiden, mit wem er Bündnisse eingeht. Eine Ukraine kann nach Putins Verständnis nur in »Partnerschaft« mit Russland existieren.

Eine Partnerschaft verlangt immer mindestens zwei zustimmende Parteien. Was aber, wenn eine von beiden gar keine Partnerschaft will? Was, wenn die andere trotzdem auf die Partnerschaft besteht? Was, wenn sie zudem deutlich mächtiger ist und einen Krieg beginnt, um die sogenannte »Partnerschaft« einseitig durchzusetzen? Dann nennt man das im klassischen Sinne Imperialismus. Was die russische Regierung versucht, ist die Unterwerfung eines vermeintlich schwächeren Nachbarn.

Putin hat seine Kampfschrift *Zur historischen Einheit von Russen und Ukrainern* mit dem Satz beendet: »Was die Ukraine sein wird, müssen die Bürger entscheiden.« Also los! Das hat das ukrainische Volk jetzt genau zweimal gemacht. Das erste Mal, als 1991 alle ukrainischen Oblasten für die Unabhängigkeit stimmten – übrigens auch die Krym. Beim zweiten Mal ist die Entscheidung noch viel klarer ausgefallen.

Diesmal hat keine Abstimmung gezeigt, wie sehr die Ukrainer:innen an die Ukraine glauben. Stattdessen ist es ihr entschlossener Widerstand gegen den russischen Angriffskrieg. Feinde von außen haben in der Geschichte schon oft Nationen zusammengeschweißt. Die ukrainische Armee wehrt sich, die ukrainische Politik wehrt sich, die ukrainische Bevölkerung wehrt sich – seit dem Überfall gibt es einen Zusammenhalt wie nie zuvor.

Die Ukraine besteht aus einem eigenständigen und souveränen Volk. Den Ukrainer:innen ist das schon lange bewusst. Durch den Einmarsch hat Putin seine Thesen selbst widerlegt. Mehr noch: Er hat der Weltöffentlichkeit das Selbstverständnis des ukrainischen Volkes als souverän und selbstbewusst vor Augen geführt. Denn die Ukraine hat der Welt gezeigt, dass sie sich nicht kampflos ergibt, sie hat bewiesen, dass er falsch liegt und die Ukraine nicht zu Russland gehört. Putin hat ukrainische Held:innen erschaffen und so stark wie niemand zuvor die ukrainische Eigenständigkeit sichtbar gemacht. Spätestens seit Putins Invasion weiß die ganze Welt: Die Ukraine ist eine Nation.

Dieses Buch liefert mindestens 100 Beweise für die ukrainische Identität mit all ihren Facetten, Eigenheiten und Problemen. Es liefert Beweise für die Existenz einer Nation mit eigener Kultur und eigenem Selbstverständnis – unabhängig und souverän wie nie zuvor!

Benjamin Fredrich

# Der Mittelpunkt Europas liegt in der Ukraine

Den geografischen Mittelpunkt des europäischen Kontinents beanspruchen verschiedene Länder und Städte für sich. Alle haben gute Argumente. Denn je nachdem, wie er ermittelt und was zu Europa gezählt wird, gibt es unterschiedliche Ergebnisse. *Die* richtige Berechnungsmethode gibt es dabei nicht. Im ukrainischen Dörfchen Dilowe an der Grenze zu Rumänien liegt einer der möglichen Mittelpunkte. Schon 1887 stellten hier österreichisch-ungarische Ingenieure ein Monument zu Ehren der Mitte Europas auf. Dazu hatten sie in ihren Berechnungen den nördlichsten mit dem südlichsten Punkt Europas miteinander verbunden und dasselbe mit dem westlichsten und dem östlichsten Punkt getan. Der Schnittpunkt ergab den geografischen Mittelpunkt. Auch das nationale französische Geografieinstitut nutzte 1989 diese Methode, ermittelte aber einen anderen Mittelpunkt – bei Purnuškės in Litauen. Wieso kam man auf ein anderes Ergebnis? Die Geografen hatten Europa schlicht anders definiert. Für sie lag der nördlichste Punkt nicht am Nordkap, sondern auf der Inselgruppe Spitzbergen.

Vinje

Mõnnuste

Landskrona

Polazk

Wizebsk

Purnuškės

Suchowola

Toruń

Dresden

Tillenberg

Hildweinsreuth

Čečelovice

Frauenkirchen

Kremnické
Bane

Tállya

Dilowe

# Welterbestätten in der Ukraine

## Sophienkathedrale und Kyjiwer Höhlenkloster

Im elften Jahrhundert als Konkurrentin zur »Hagia Sophia« in Konstantinopel erbaut, gilt die Sophienkathedrale in Kyjiw als eines der wichtigsten Bauwerke europäisch-christlicher Kultur. Das Unesco-Erbe umfasst außerdem das Kyjiwer Höhlenkloster – eines der ältesten orthodoxen Klöster der Kyjiwer Rus – sowie weitere Klostergebäude in Kyjiw.

 **Kyjiw**

## Historisches Zentrum von Lwiw

Ein paar Jahrhunderte lang florierte Lwiw dank seiner geografischen Lage als Verwaltungs-, Religions- und Handelszentrum. Das historische Stadtzentrum ist gut erhalten. Es vermischt Einflüsse aus verschiedenen Kulturen und Architekturepochen. Die ältesten Gebäude stammen aus dem fünften Jahrhundert.

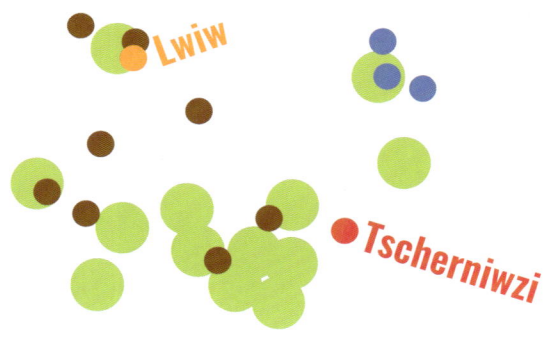

**Lwiw**

**Tscherniwzi**

## Residenz der orthodoxen Metropoliten der Bukowina und Dalmatiens

Der Wohnsitz der orthodoxen Oberbischöfe der historischen Landschaften Bukowina und Dalmatien wurde im 19. Jahrhundert errichtet. Der historistische Gebäudekomplex war ein Symbol für die starke Stellung der orthodoxen Kirche unter österreichisch-ungarischer Herrschaft. Heute ist die Residenz Sitz der Nationalen Universität Tscherniwzi.

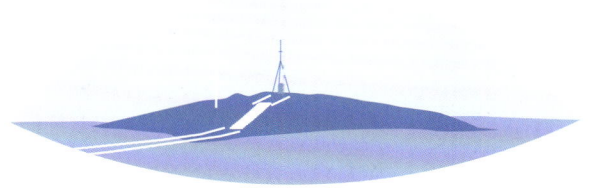

## Struve-Bogen

Der Struve-Bogen ist ein Instrument zur Erdvermessung aus dem 19. Jahrhundert. Er besteht aus einem mehr als 2.800 Kilometer langen Netz aus über 30 Vermessungspunkten, das sich von Hammerfest in Nordnorwegen einmal längs durch Europa bis zum Schwarzen Meer erstreckt. Vier der Punkte – darunter der südlichste – befinden sich in der heutigen Ukraine. Benannt ist der Bogen nach seinem Erfinder, dem Astronom Friedrich Georg Wilhelm Struve.

## Holzkirchen der Karpatenregion in Polen und der Ukraine

Die 16 auch *Zerkwas* genannten Holzkirchen wurden zwischen dem 16. und 19. Jahrhundert von ostkatholischen und griechisch-orthodoxen Gemeinden errichtet. Sie gelten als herausragende Beispiele für traditionelle slawische Kirchenbaukunst. Acht davon befinden sich in der Ukraine.

## Alte Buchenwälder und -urwälder der Karpaten und anderer Regionen Europas

Dieses Unesco-Weltnaturerbe besteht aus zahlreichen Buchenwaldgebieten in 18 europäischen Ländern. Die ältesten dieser Wälder haben sogar die Eiszeit überlebt. Alle zusammen genommen bedecken eine Fläche von über 90.000 Hektar, wovon rund 30 Prozent im ukrainischen Teil des Karpatengebirges liegen.

● Sewastopol

## Antike Stadt Chersonesos und ihre Chora

Die antike Stadt Chersonesos bestand vom fünften vorchristlichen Jahrhundert bis zum 13. Jahrhundert und war ein regelrechter Schmelztiegel für unter anderem griechische, römische und byzantinische Händler:innen. Kein Wunder – die Stadt war vor allem für ihre Weinproduktion berühmt.

# Kyjiw statt Kiew

## Auswahl ukrainischer Ortsbezeichnungen
## auf Ukrainisch und Russisch

Kyrillisch ist nicht gleich Kyrillisch! Damit Menschen, die dieses Alphabet nicht kennen, ukrainische und russische Namen trotzdem lesen können, gibt es im Deutschen verschiedene Systeme zur Umwandlung in lateinische Buchstaben. Das einfachste davon wird Transkription oder Duden-Umschrift genannt. Fürs Ukrainische und Russische nutzt KATAPULT dieses einfache System und hält sich an die Regeln der Universitäten Leipzig und Heidelberg.

Gerade bei der Umschrift von Namen wurden in der Übersetzungswissenschaft und den Medien jahrelang aber auch viele Ausnahmen gemacht. Russische Namen wie Виктор (Wiktor) wurden oft mit einem V anstelle eines Ws wiedergegeben, weil das im Deutschen bei diesem Namen üblicher war. Auch bei vielen ukrainischen Städten oder Politiker:innen wurde lange auf die bekanntere Schreibweise zurückgegriffen. Dass viele dieser Bezeichnungen allerdings aus dem Russischen stammen und dann von dort übertragen wurden, wussten viele Menschen nicht, oder es war ihnen egal. Doch uns geht es nicht darum, den einfachen Weg zu nehmen, sondern darum, auch die sprachliche Unabhängigkeit der Ukraine zu respektieren. Und deshalb transkribieren wir ukrainische Namen und Orte direkt aus dem Ukrainischen.

Eine Ausnahme von dieser Regel machen wir bei dem Namen *Selenskyj*. Bisher war es üblich, die vereinfachte Schreibweise seines Nachnamens zu wählen, wobei das j am Ende entfallen würde. Spätestens seit der russischen Invasion ist der ukrainische Präsident vielen Menschen aber eher unter dieser Schreibweise bekannt. Auch für die blutigen Protesten von 2014 behalten wir die bekannte Bezeichnung *Euromajdan* bei (und nicht *Jewromajdan*).

Eine weitere Ausnahme machen wir bei der Schreibweise unserer ukrainischen Mitarbeitenden, denn in ihren Pässen stehen sie bereits mit lateinischen Buchstaben – oft wurde dafür die englische Transkription verwendet und nicht die deutsche. Doch da sie sich bisher so mit der Schreibweise ihrer Namen identifizieren, möchten wir diese nicht auf Biegen und Brechen an unsere angleichen.

Und zu guter Letzt machen wir eine Ausnahme bei russischen Orten, die seit jeher im Deutschen unter ihren eingedeutschten Namen bekannt sind, wie etwa Moskau oder St. Petersburg, und transkribieren diese nicht neu aus dem Russischen.

**Ortsnamen auf**

- 🟦 Ukrainisch
- 🟥 Russisch

Чорнобиль / Чернобыль
Чернігів / Чернигов
Київ / Киев
Житомир / Житомир
Охтирка / Ахтырка
Львів / Львов
Тернопіль / Тернополь
Бабин Яр / Бабий Яр
Бориспіль / Борисполь
Харків / Харьков
Луганськ / Луганск
Івано-Франківськ / Ивано-Франковск
Черкаси / Черкассы
Кременчук / Кременчуг
Славське / Славское
Чернівці / Черновцы
Дніпро / Днепр
Василівка / Васильевка
Миколаїв / Николаев
Мангуш / Мангуш
Одеса / Одесса
Крим / Крым

**Deutsche Umschrift des**

- 🟦 ukrainischen kyrillischen Alphabets
- 🟥 russischen kyrillischen Alphabets

Tschornobyl / Tschernobyl
Tschernihiw / Tschernigow
Kyjiw / Kiew
Schytomyr / Schitomir
Ochtyrka / Achtyrka
Lwiw / Lwow
Ternopil / Ternopol
Babyn Jar / Babi Jar
Boryspil / Borispol
Charkiw / Charkow
Iwano-Frankiwsk / Iwano-Frankowsk
Tscherkasy / Tscherkassy
Krementschuk / Krementschug
Luhansk / Lugansk
Slawske / Slawskoje
Tscherniwzi / Tschernowtzy
Dnipro / Dnepr
Wasyliwka / Wassiljewka
Mykolajiw / Nikolajew
Manhusch / Mangusch
Odesa / Odessa
Krym / Krym

# Die Ukraine

dargestellt anhand ihrer Gewässer

# Die höchsten Gebäude in der Ukraine

... stehen alle in Kyjiw. Jedenfalls die acht höchsten. Die beiden letzten Hochhäuser der ukrainischen Top Ten befinden sich in Dnipro und sind jeweils 123 Meter hoch. Es gibt in der Ukraine allerdings noch höhere Bauwerke wie etwa Industrieschornsteine oder Funktürme. Alle Bauten werden jedoch vom Kyjiwer Fernsehturm überragt. Der ist 385 Meter hoch und der zweithöchste Stahlfachwerkturm der Welt. Am 1. März 2022 griff Russland ihn mit Raketen an. Mehrere Menschen starben, der Sendebetrieb war zwischenzeitlich lahmgelegt. Doch der Turm blieb stehen.

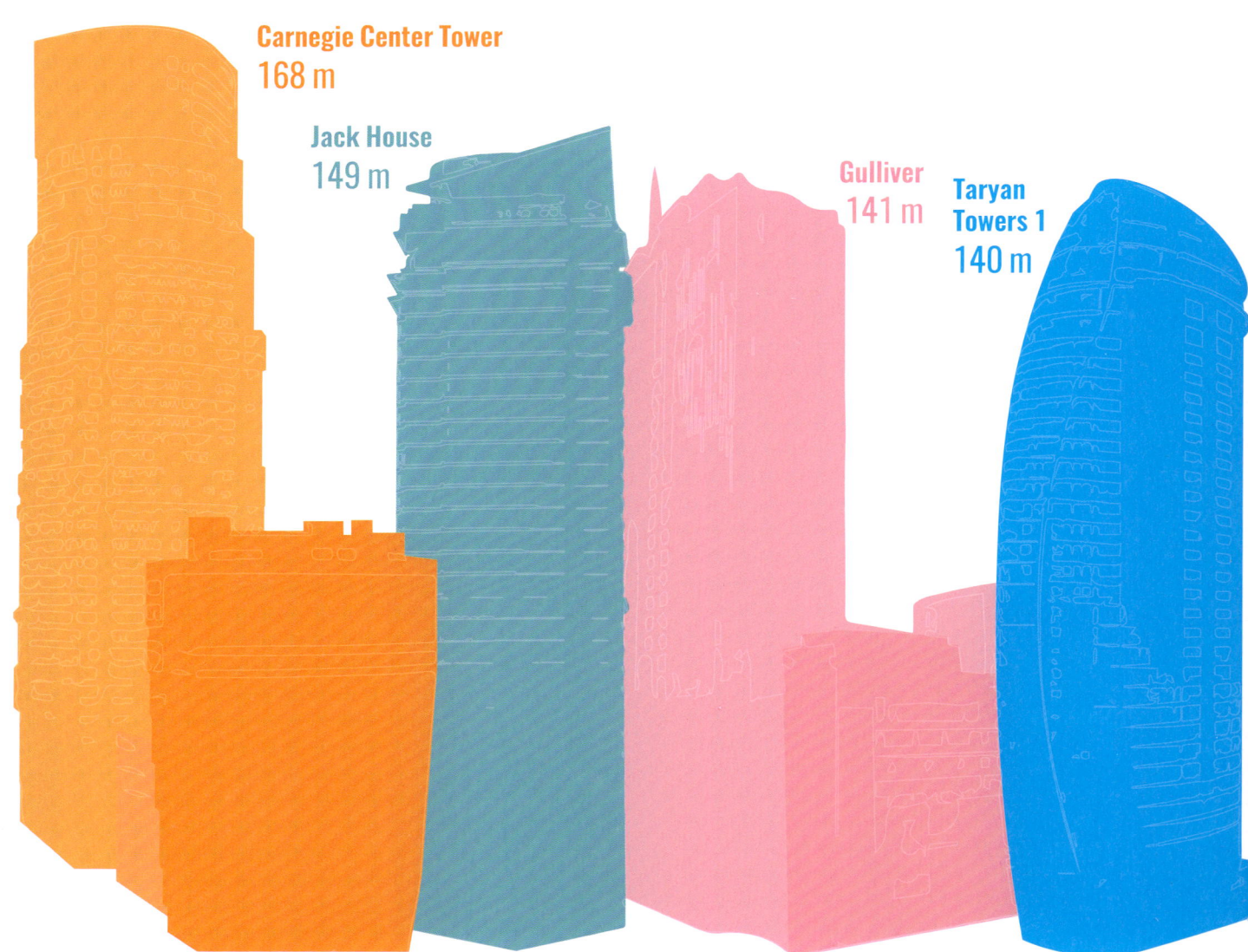

**Carnegie Center Tower**
168 m

**Jack House**
149 m

**Gulliver**
141 m

**Taryan Towers 1**
140 m

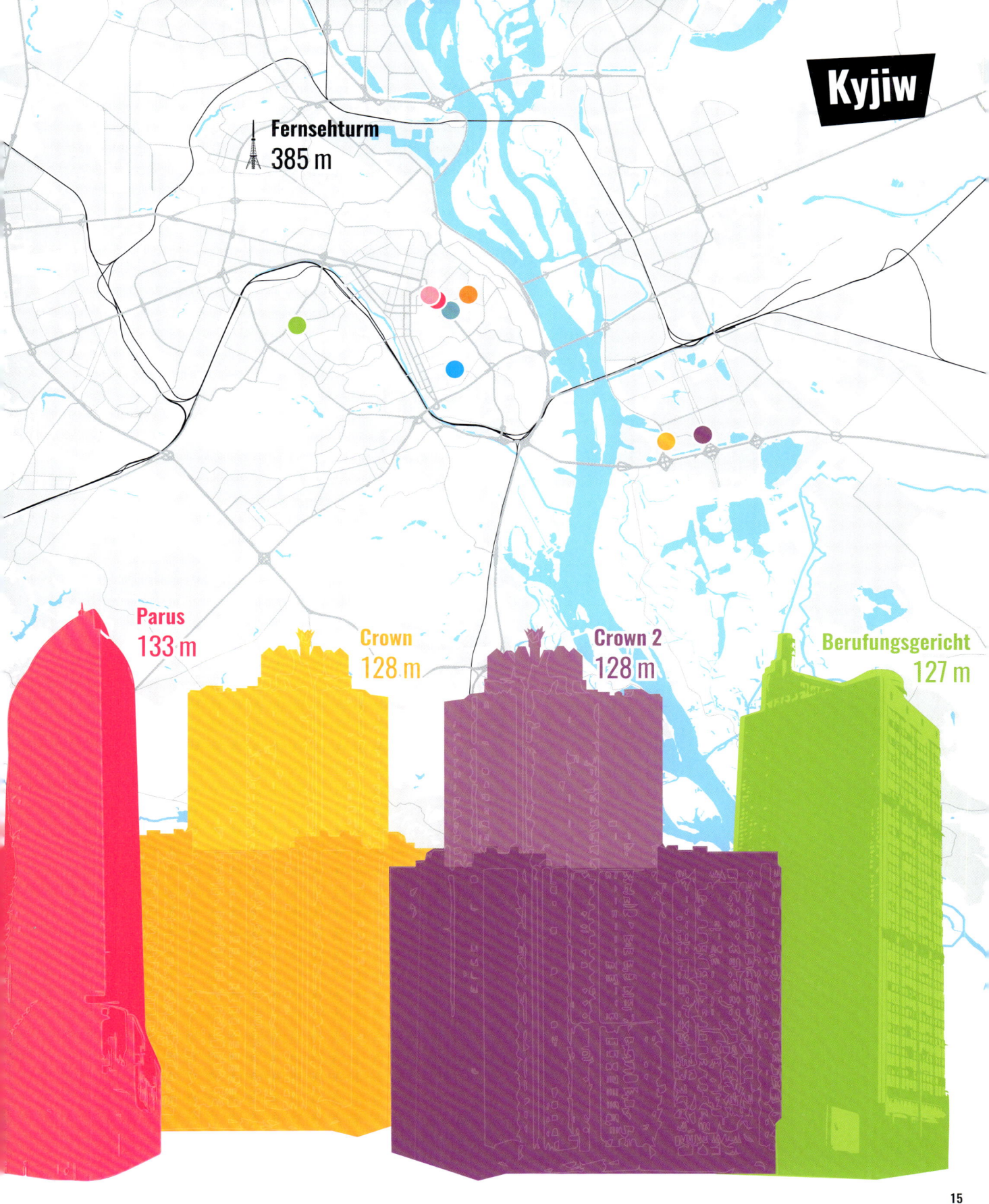

Fernsehturm
385 m

Parus
133 m

Crown
128 m

Crown 2
128 m

Berufungsgericht
127 m

# Umschreibungen für
## Sex haben

bohren

dübeln

nageln

Matratzensport

vögeln

Liebe machen

knattern

schnackseln

Rohr verlegen

tupfen

rammeln

schustern

miteinander schlafen

pudern

jemanden mit Wurst schlagen

einen Kohlkopf dämpfen

sich auf die Eiche setzen
(umschreibende Phrase für schwulen Sex)

Liebe machen

Mais und Borschtsch

Quecksilber

kitzeln

das Pferd tränken

Schneebälle werfen

das Schwert nehmen

bewundern

rammeln

„Der Krieg in der Ukraine ist der erste in Europa seit 1945."

# Die Realität

1992
Moldau/
Transnistrien

seit 2014
Ostukraine/
Krym

seit 1994
Tschetschenien

1991
Slowenien

1991-1995
Kroatien

1998-1999
Kosovo

2008
Georgien

1992-1995
Bosnien und
Herzegowina

2001
Nordmazedonien

1974
Zypern

# Panzer vs. Traktoren

Seit den ersten Tagen der russischen Invasion im Februar 2022 kursieren immer wieder Meldungen, Fotos und Videos von ukrainischen Bauern, die russische Panzer klauen. Manchmal sollen die Landwirt:innen sie einfach mit ihren Traktoren abgeschleppt haben. Ob alle Geschichten darüber stimmen, lässt sich nicht zweifelsfrei aufklären. Einige von ihnen klingen zumindest schlüssig. Angesichts dessen, dass die Traktoren als eine Art Militärfahrzeug zum Einsatz kommen, drängt sich der Vergleich zwischen russischen Panzern und ukrainischen Traktoren auf: Wer hat mehr?

## Russland verfügte vor dem Krieg über 12.420 Panzer

in der Ukraine gab es **425.689 Traktoren**

Stand 2009

 ein Symbol entspricht
**1.000 Fahrzeugen**

# Wie Panzer gefahren werden

## sitzend im Panzer
## ... und mit dem Traktor

**Alle anderen Nationalflaggen, die auch nur blau und gelb sind**

Kasachstan

Palau

Schweden

# Die Flagge der Ukraine

ist blau und gelb. Nach moderner Interpretation stehen die Farben für reife Kornfelder und den Himmel darüber.

In der Sowjetunion wurde die ukrainische Flagge unterdrückt. Mit zunehmendem Widerstand Ende der Achtzigerjahre haben Ukrainer:innen sie wiederbelebt und schon bald als Zeichen des Protests und der Freiheit genutzt. Im Jahr 1991 wurde die Ukraine dann unabhängig. Seitdem zieren die Farben Blau und Gelb offiziell die Landesflagge und sind im Krieg gegen Russland zum wichtigsten Symbol der ukrainischen Unabhängigkeit geworden.

# Tiefste Metrostationen der Welt im Vergleich

In der ukrainischen Hauptstadt Kyjiw befindet sich die tiefste Metrostation der Welt: Arsenalna. Sie liegt 105,5 Meter unter der Erde. Passagier:innen, die dort aussteigen, müssen rund fünf Minuten für den Weg einplanen, um von den Gleisen ans Tageslicht zu gelangen. Für die Motivierten gibt es neben den Rolltreppen sogar normale Stufen. Grund für den außergewöhnlichen Rekord ist der Dnipro. Der Fluss zieht eine tiefe Furche durch die Stadt und an den Ufern gibt es entsprechend steile Anstiege. So kommt es, dass der Eingang der Metrostation zwar nur etwa 550 Meter Luftlinie vom Dnipro entfernt liegt, sich aber trotzdem gut 100 Höhenmeter über dem Flussufer befindet. Damit die U-Bahnlinie 1 den Fluss unterqueren kann, müssen ihre Gleise tief in die Erde reichen. Deshalb liegt der Bahnsteig so weit unten. Derzeit hat seine Tiefe aber einen Vorteil: Seit der russischen Invasion wird die Station als sicherer Bunker zum Schutz vor Luftangriffen genutzt.

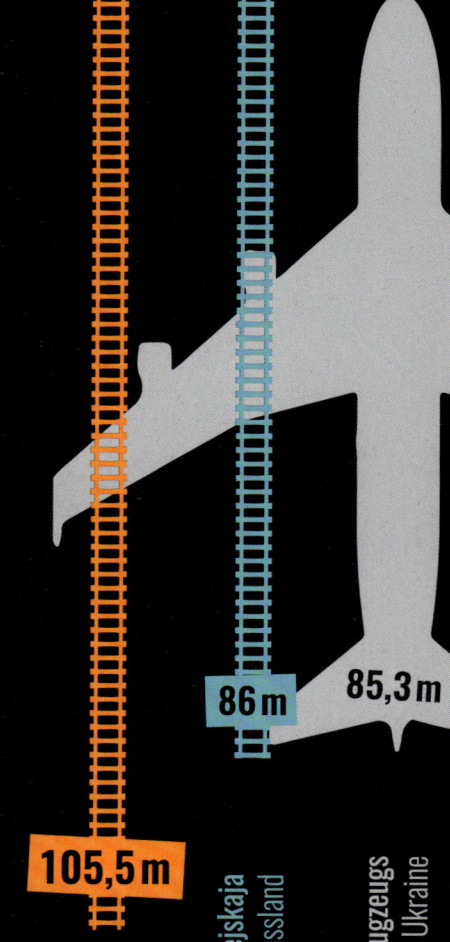

85,3 m

86 m

105,5 m

Metrostation Arsenalna
Kyjiw, Ukraine

Metrostation Admiraltejskaja
St. Petersburg, Russland

Länge des größten je gebauten Flugzeugs
Antonow An-225, Ukraine

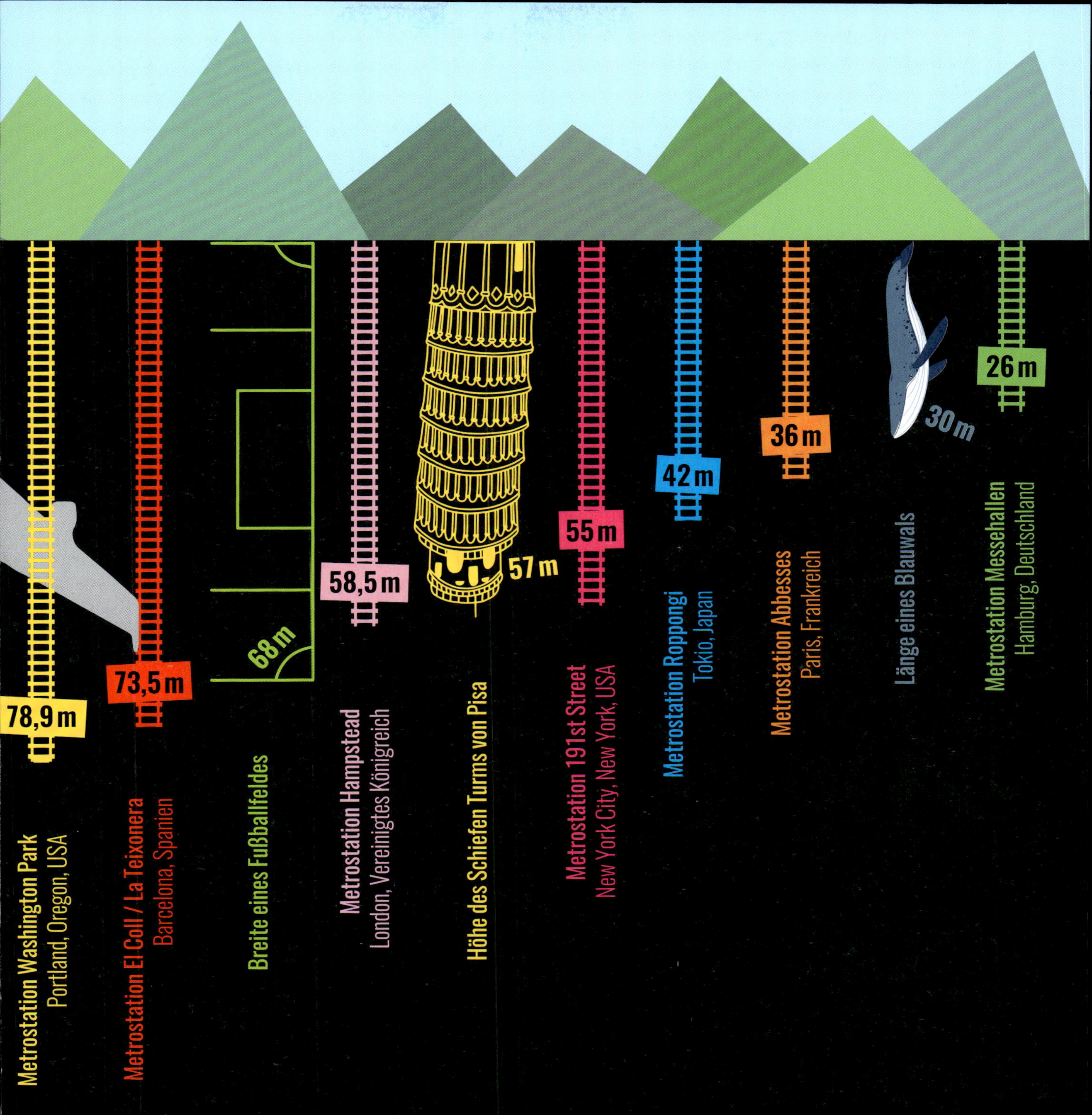

**78,9 m**
Metrostation Washington Park
Portland, Oregon, USA

**73,5 m**
Metrostation El Coll / La Teixonera
Barcelona, Spanien

**68 m**
Breite eines Fußballfeldes

**58,5 m**
Metrostation Hampstead
London, Vereinigtes Königreich

**57 m**
Höhe des Schiefen Turms von Pisa

**55 m**
Metrostation 191st Street
New York City, New York, USA

**42 m**
Metrostation Roppongi
Tokio, Japan

**36 m**
Metrostation Abbesses
Paris, Frankreich

**30 m**
Länge eines Blauwals

**26 m**
Metrostation Messehallen
Hamburg, Deutschland

# So viele Straßenkilometer wurden im ersten Kriegsmonat in der Ukraine zerstört

Der Angriff auf die Ukraine trifft auch die dortige Infrastruktur. Im ersten Monat des Krieges sind laut dem ukrainischen Wirtschaftsministerium fast 565 Milliarden Dollar Schaden verursacht worden. Etwa 8.000 Kilometer Straße und 10 Millionen Quadratmeter Wohnfläche wurden beschädigt oder zerstört. Der Wiederaufbau des Landes wird enorme Investitionen erfordern.

Lissabon

# 7.937 km

Nowosibirsk

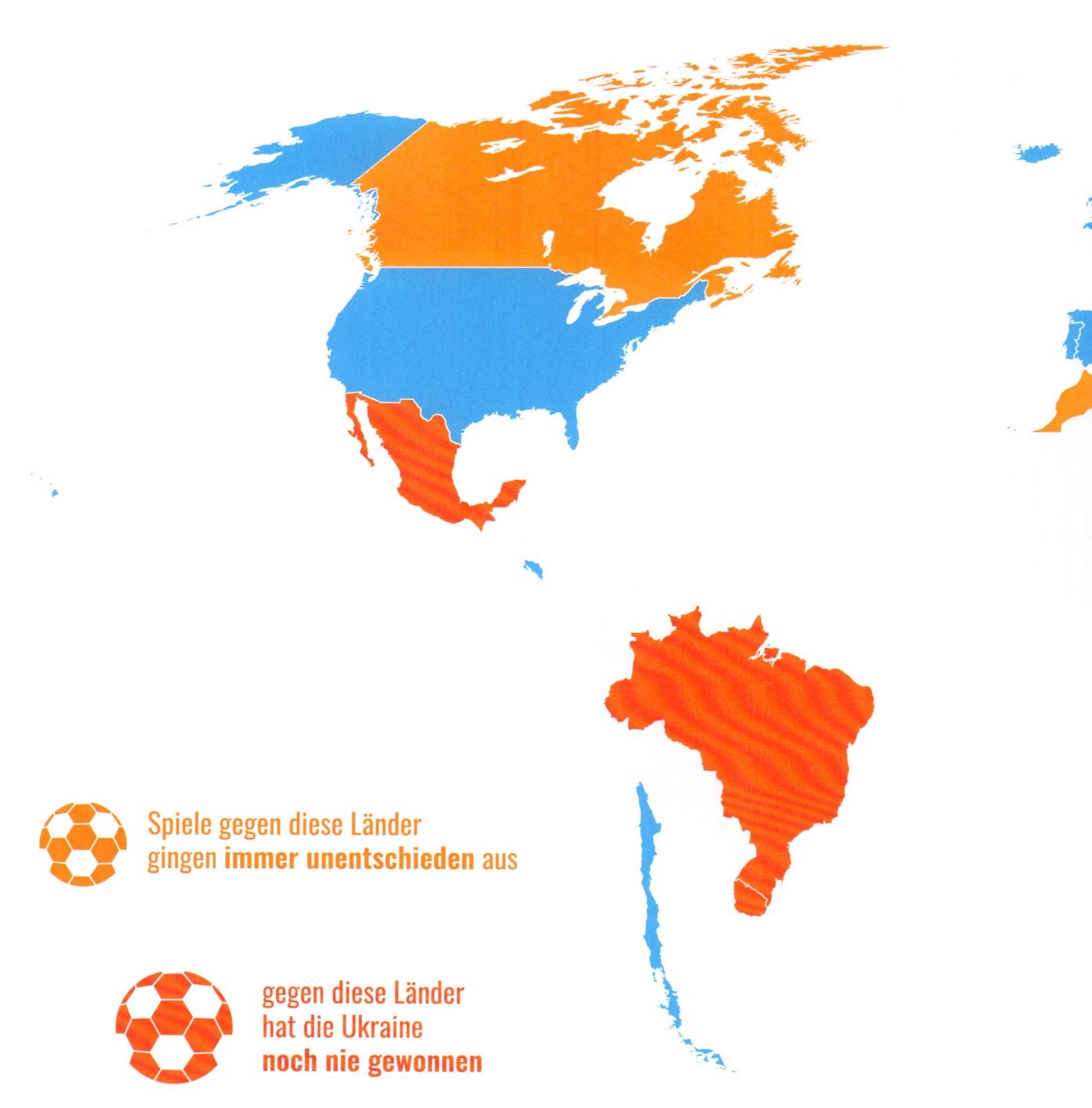

Spiele gegen diese Länder gingen **immer unentschieden** aus

gegen diese Länder hat die Ukraine **noch nie gewonnen**

gegen diese Länder ist die Ukraine **noch nie angetreten**

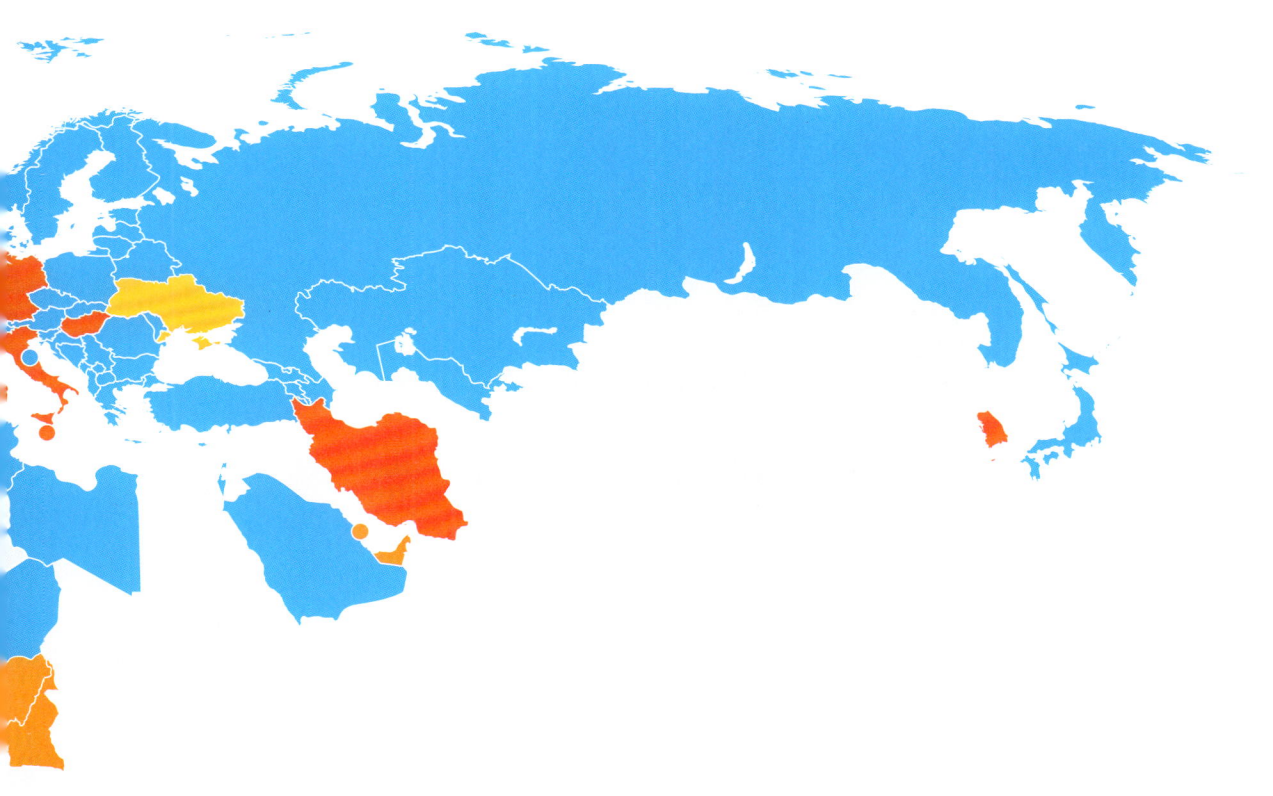

# Gegen diese Fußballnationalmannschaften hat die Ukraine schon gewonnen

alle Länderspiele der Männer, 1992-2021

Als die ukrainische Nationalmannschaft gegründet wurde, wollte zunächst kaum ein Profi dort spielen. Denn ins Leben gerufen wurde das Team nach dem Zerfall der Sowjetunion, im Jahr 1991. Viele ukrainischstämmige Spieler nahmen die russische Staatsbürgerschaft an, um in den vermeintlich erfolgversprechenderen Kader zu kommen.

Ganz allgemein ist die ukrainische Nationalmannschaft heute trotz der Anfangsschwierigkeiten erfolgreich.

Seit 2013 befindet sie sich in den Top 30 der Fifa-Weltrangliste. Gerade mal gegen siebzehn nationale Auswahlen hat sie noch nicht gewonnen – in insgesamt 293 Länderspielen gegen 73 unterschiedliche Gegner. Gegen zehn dieser Länden spielte das Team immer unentschieden. Den höchsten Sieg errang die ukrainische Mannschaft 2013 mit einem 9:0 gegen San Marino. Die Fifa rechnet übrigens alle Erfolge der UdSSR allein Russland zu.

# Wie viele Bibliotheken gibt es eigentlich in … ?

2.849

15.662

… der Ukraine

2018

Anzahl der Einwohner:innen, die auf eine Bibliothek kommen

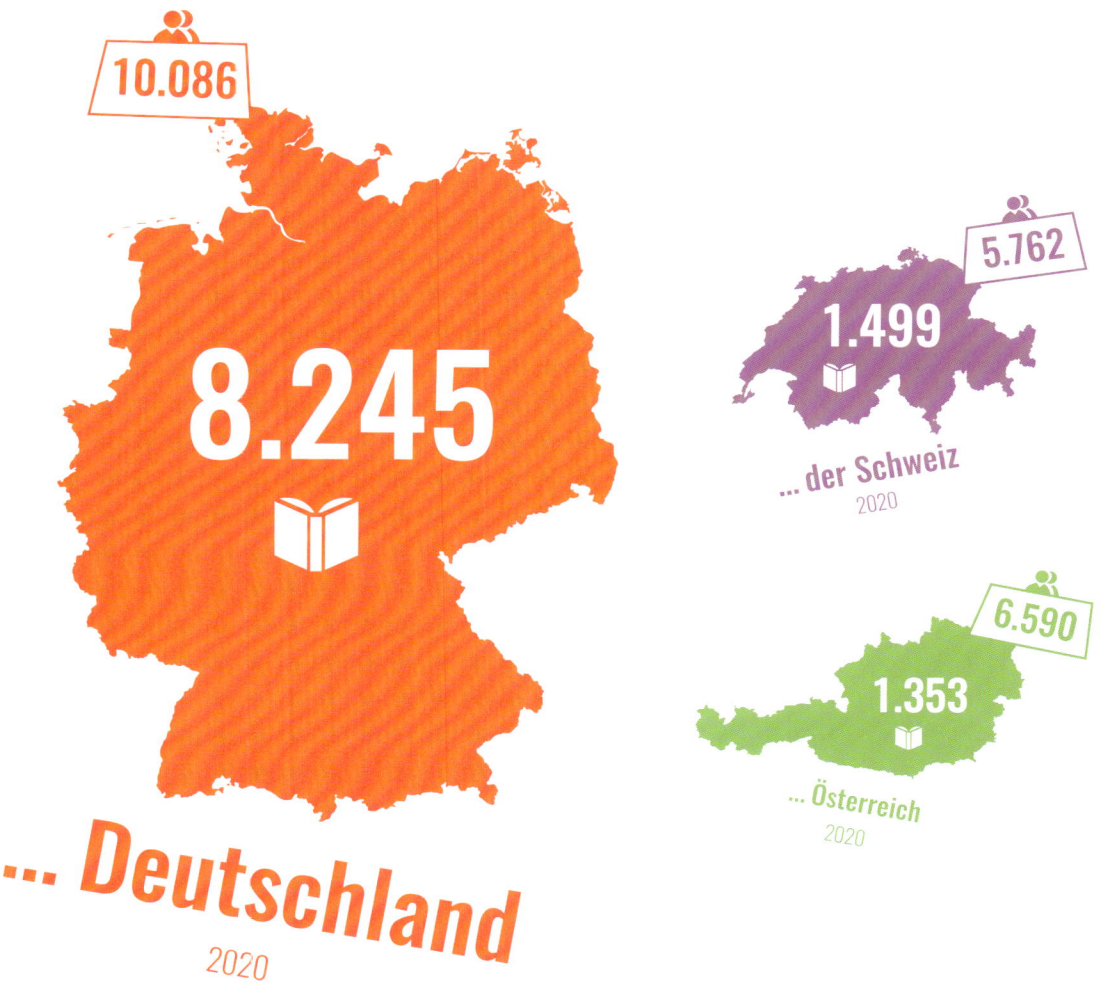

**10.086**

**8.245**

**1.499**

**5.762**

**6.590**

**1.353**

... der Schweiz
2020

... Österreich
2020

... Deutschland
2020

Respekt! Selbst wenn man alle Bibliotheken Deutschlands, Österreichs und der Schweiz zusammenrechnet, reicht diese Zahl nicht ansatzweise an die der Ukraine heran. Die meisten davon sind öffentliche Büchereien, danach kommen die Bildungs- und Hochschulbibliotheken und die acht Nationalbibliotheken in den großen Städten der Ukraine.

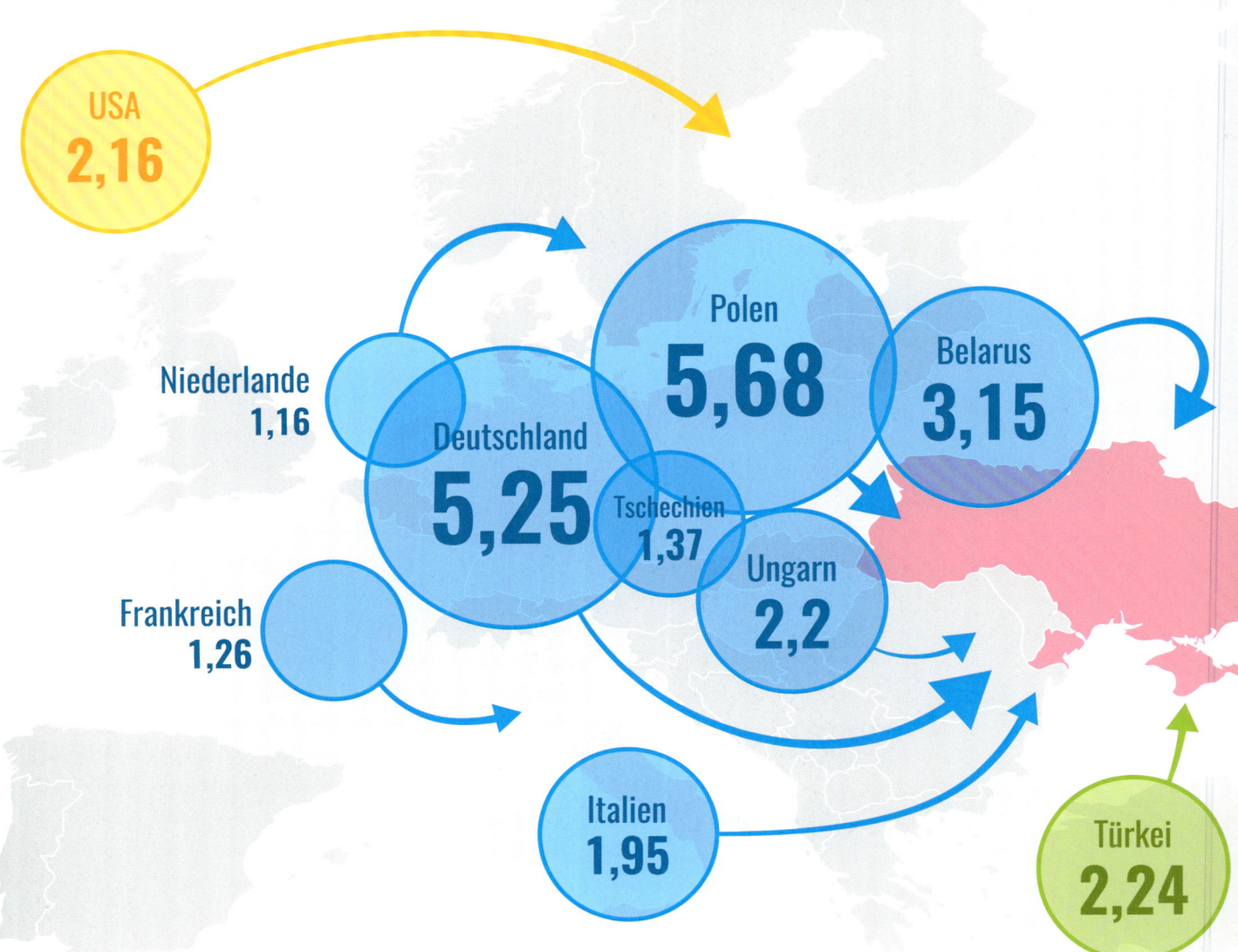

USA
2,16

Niederlande
1,16

Polen
5,68

Belarus
3,15

Deutschland
5,25

Tschechien
1,37

Ungarn
2,2

Frankreich
1,26

Italien
1,95

Türkei
2,24

# Die wichtigsten Importländer für die Ukraine 2020

gemessen am Handelsvolumen, in Milliarden US-Dollar

Was muss die Ukraine von anderen Staaten einkaufen? Vor allem Erdöl, Autos und Medikamente. Zusammen machen diese Produkte 16 Prozent der gesamten Einfuhren aus. Besonders heikel ist die Erdölabhängigkeit von Russland. Die Ukraine bezieht gut 70 Prozent ihrer Ölimporte aus Russland und Belarus. Der wichtigste Handelspartner ist Russland aber nicht mehr. Mit China hat die Ukraine einen größeren wirtschaftlichen Austausch. Sie bezieht vor allem Elektrogeräte aus dem Land.

Russland
6,31

China
7,46

# Dinge, die Deutsche zeigen müssen, um sich auszuweisen

Reisepass

Geburtsurkunde

Autoversicherung

Fahrzeugschein

Student ID

Studierendenausweis

Steuernummer

Als erstes europäisches Land hat die Ukraine beispielsweise den digitalen Identitätsnachweis ermöglicht. Mit
der App Dija können die Menschen unter anderem aus-
ländische Reisepässe, Führerschein, Geburtsurkunde
und Steuernummer aufs Handy laden. Den Service nut-
zen bereits Millionen Ukrainer:innen. Ein Neugeborenes
zu registrieren, soll mit einer App-Erweiterung gerade
mal 20 Minuten dauern. In Deutschland unvorstellbar.

# Dinge, die Ukrainer:innen
# dafür brauchen

# Ehemalige Atommächte

Länder, die ihre Kernwaffen vernichtet haben

Nach dem Zerfall der Sowjetunion waren neben Russland drei weitere Nachfolgestaaten im Besitz von Atomwaffen: die Ukraine, Belarus und Kasachstan. Anfang der 1990er-Jahre war die Ukraine sogar das Land mit dem drittgrößten Kernwaffenarsenal der Welt. Sie bekannte sich jedoch zum Atomwaffensperrvertrag und ließ ihre Atomwaffen bis 2001 vollständig vernichten. Belarus und Kasachstan hatten das schon 1996 getan. Ein erfolgreicher Rückbau von Kernwaffen gelang nicht nur in Osteuropa. Auch Südafrika entwickelte unter dem Apartheidregime Atomwaffen, stellte sein Programm aber in den frühen Neunzigerjahren ein und trat ebenfalls dem Atomwaffensperrvertrag bei.

Belarus

Ukraine

Kasachstan

Südafrika

# Verstecktes Wort
# im ukrainischen Wappen

В О Л Я

„Freiheit"

# Wappen der Ukraine

Der Trysub – übersetzt »Dreizack« – hat schon einiges durch. Er ist das Hoheitszeichen der Ukraine, durfte während der Sowjetzeit nicht gezeigt werden und wurde von den Nazis instrumentalisiert. Mittlerweile findet er sich auf Geldscheinen, Briefmarken und natürlich im Wappen der Ukraine. In der Schule lernen ukrainische Kinder heute, dass sich dort das Wort »Freiheit« entdecken lässt, wenn man genau hinsieht.

# Nachfolgestaaten der Sowjetunion und bewaffnete Konflikte im postsowjetischen Raum

### 1 Krieg um Bergkarabach (1990-1994, seit 2020)

Armenien und Aserbaidschan erklärten sich 1991 für unabhängig, genauso wie das in Aserbaidschan gelegene Autonome Gebiet Bergkarabach. Dies war jedoch überwiegend von Armenier:innen bewohnt – wodurch es zu einem blutigen Konflikt kam, bei dem Armenien Bergkarabach unterstützte. 1994 vermittelte Russland einen Waffenstillstand. 2020 flammte der Konflikt erneut auf. Die Türkei, die sich in Konkurrenz zu Russland als Regionalmacht etablieren wollte, unterstützte dabei Aserbaidschan. Am 10. November 2020 wurden die Kampfhandlungen in einer von Russland vermittelten Waffenstillstandsvereinbarung zwischen den Konfliktparteien beendet. Dennoch kommt es immer wieder zu Zusammenstößen an der armenisch-aserbaidschanischen Grenze, sodass seit 12. Mai 2021 vom Armenisch-Aserbaidschanischen Grenzkonflikt gesprochen wird.

### 2 Georgisch-Südossetischer Krieg (1990-1992)

Das Autonome Gebiet Südossetien erklärte sich 1989 und noch mal 1990 für unabhängig. Georgische Milizen wollten dies unterbinden, woraufhin sowjetische Truppen aufseiten Südossetiens eingriffen. Das Gebiet wird heute durch Russland unterstützt und steht unter starkem russischen Einfluss.

### 3 Transnistrienkrieg (1992)

Im September 1990 erklärte sich Transnistrien zur Sowjetrepublik. Nachdem 1991 auch die Republik Moldau unabhängig wurde, führte dies zu einem bewaffneten Konflikt, bei dem Transnistrien von der sowjetischen Armee unterstützt wurde. Nach dem durch Russland vermittelten Waffenstillstand ist Transnistrien de facto unabhängig, wird jedoch international nur von Russland anerkannt. Der »eingefrorene Konflikt« besteht bis heute.

### 4 Tadschikischer Bürgerkrieg (1992-1997)

Seit dem Ende der Sowjetunion befindet sich Tadschikistan in einer Dauerkrise. Nachdem sich das Land 1991 für unabhängig erklärte, versank es sofort in einem brutalen Bürgerkrieg, der bis zu 150.000 Menschen das Leben kostete und über 800.000 zur Flucht zwang. Ursache war der Kampf verschiedener Parteien um die politische Kontrolle und wirtschaftliche Ressourcen. Das Friedensabkommen, das 1997 vom damaligen und heutigen Präsidenten Emomalij Rahmon und dem 2006 verstorbenen Vorsitzenden der »Islamischen Partei der Wiedergeburt Tadschikistans«, Sayid Abdulloh Nuri, geschlossen wurde, sorgte nur kurz für eine Stabilisierung. Schon bald wurden politische Gegner:innen verfolgt, vertrieben oder ermordet. Heute gibt es keine echte Oppositionspartei mehr, das Land ist eine Scheindemokratie.

### 5 Georgisch-Abchasischer Krieg (1992-1994)

1992 erklärte sich die auf georgischem Gebiet gelegene autonome Region Abchasien für unabhängig. Der sich daraus entsponnene Sezessionskrieg war blutig und sorgte dafür, dass ein Großteil der Georgier:innen aus dem Gebiet floh oder vertrieben wurde. Zwei Waffenstillstandsvereinbarungen (1993 und 1994) führten zur Entsendung einer GUS-Friedenstruppe und einer UN-Beobachtermission.

### 6 Erster Tschetschenienkrieg (1994-1996)

1991 erklärte der tschetschenische Präsident Dschochar Dudajew die ehemalige Autonome Sowjetrepublik für unabhängig und rief die Republik Itschkerien aus. Moskau akzeptierte diese Abspaltung jedoch nicht, stärkte zunächst Dudajews politische Gegner:innen und beschloss 1994 schließlich eine militärische Intervention. Innerhalb weniger Monate kontrollierte die russische Armee mehr als zwei Drittel des Gebiets, konnte sich gegen die Guerillakämpfer:innen aber nicht endgültig durchsetzen. 1996 einigte man sich auf einen Waffenstillstand, Tschetscheniens Souveränität wurde jedoch nicht offiziell anerkannt. Bis zu 100.000 Zivilist:innen und etwa 10.000 Soldat:innen fielen diesem Krieg zum Opfer.

### 7 Dagestankrieg (1999)

Am 7. August 1999 griffen islamistische Tschetschen:innen und Araber:innen die benachbarte russische Teilrepublik Dagestan an und riefen dort eine islamische Republik aus. Sie stießen allerdings auf erheblichen Widerstand der Zivilbevölkerung und russischer Truppen. Nach sechs Wochen waren die Angreifenden besiegt.

### 8 Zweiter Tschetschenienkrieg (1999-2009)

Infolge des Dagestankrieges und nach mehreren Sprengstoffanschlägen auf Wohnhäuser in Moskau befahl der damalige russische Ministerpräsident Wladimir Putin den Einmarsch nach Tschetschenien. Denn Putin machte tschetschenische Terrorist:innen für die Taten verantwortlich. Bis heute wird gemutmaßt, dass die Anschläge vom russischen Geheimdienst inszeniert wurden. Während die russische Armee bis 2001 den Großteil der tschetschenischen Orte unter ihre Kontrolle bringen konnte, verübten die Rebell:innen ab 2002 immer mehr Selbstmordattentate. Es kam zu Geiselnahmen und Menschenrechtsverletzungen auf beiden Seiten. Erst 2009 hob der damalige Präsident Dimitri Medwedew den Anti-Terror-Status für das Gebiet auf und erklärte es für befriedet. Tschetschenien gilt heute noch immer als »Staat im Staat«.

### 9 Andijon-Massaker und Unruhen in Usbekistan (2005)

Angesichts wirtschaftlicher und sozialer Probleme nahmen seit Ende 2004 Proteste gegen das autoritäre System in Usbekistan zu. Nachdem in den Tagen zuvor die Regierung immer mehr die Kontrolle verloren hatte, eröffnete das Militär bei einer Demonstration in der Stadt Andijon am 13. Mai 2005 plötzlich das Feuer auf die Menschen. Hunderte sollen getötet worden sein.

### 10 Russisch-Georgischer Krieg (2008)

2004 gab der neue georgische Präsident Micheil Saakaschwili bekannt, Südossetien und Abchasien wieder an Georgien angliedern zu wollen. Die Spannungen stiegen, es kam zu Scharmützeln. Die militärischen Aktivitäten nahmen zu und schließlich befahl Saakaschwili im August 2008 den Einmarsch in Südossetien. Dort geriet auch die russische Friedenstruppe unter Feuer, wodurch der georgisch-russische Fünf-Tage-Krieg ausgelöst wurde. Nach der Niederlage Georgiens erkannte Moskau die Souveränität Abchasiens und Südossetiens an und verhinderte die Verlängerung der internationalen Friedensmissionen. Russland verstärkte seine militärische Präsenz in den Regionen und übernahm den Grenzschutz.

### 11 Unruhen in Südkirgisistan (2010)

Kurz nach der zweiten kirgisischen Revolution seit der Unabhängigkeit kam es vom 10. bis zum 14. Juni 2010 vor allem in den Orten Osch und Dschalalabat zu Unruhen. Im Zentrum stand ein Konflikt zwischen usbekischen und kirgisischen Bevölkerungsgruppen, in dessen Folge mehrere Hundert Menschen getötet worden sein sollen. Die Regierung rief zwischenzeitlich das Kriegsrecht aus.

### 12 Krym-Annexion durch Russland (2014)

Nach einem Referendum mit 90 Prozent Zustimmung erklärte die Ukraine 1991 ihre Souveränität. Die mehrheitlich von Russ:innen bewohnte Krym wurde autonome Teilrepublik, anfängliche vereinzelte Unabhängigkeitsbestrebungen versiegten Mitte der 90er. Ende 2013 kam es zu den sogenannten Euromajdan-Protesten, als der damalige Präsident Wiktor Janukowytsch die Annäherung der Ukraine an die EU aussetzte. Demonstrant:innen forderten seine Amtsenthebung. Am 18. Februar 2014 eskalierte eine Demonstration in Kyjiw und Menschen starben. Kurz darauf floh Janukowytsch. Russland nutzte die unübersichtliche Lage, besetzte die Krym und führte noch im März ein Referendum über die russische Angliederung der ukrainischen Halbinsel durch. Obwohl das Referendum weder von der Ukraine noch international anerkannt wurde, erfolgte am 18. März die Eingliederung. Die Krym gilt seitdem als besetzt.

### 13 Bewaffneter Konflikt in der Ostukraine (seit 2014)

Etwa zeitgleich mit der Krym-Annexion sickerten irreguläre Kämpfer:innen aus Russland in die ostukrainischen Oblasten Donezk und Luhansk ein. Diese förderten die gewaltsame Abspaltung der sogenannten Volksrepubliken und wurden später auch durch russische Truppen unterstützt. Russland leugnet offiziell eine Beteiligung. Ende 2014 und Anfang 2015 wurde ein Waffenstillstand vereinbart, der praktisch aber nie eingehalten wurde.

### 14 Russischer Einmarsch in die Ukraine (seit 2022)

Während der Konflikt in der Ostukraine schwelte, zog Russland ab Sommer 2021 massiv Truppen an der ukrainischen Grenze zusammen. Am 21. Februar 2022 erkannte Russland die Souveränität der sogenannten Volksrepubliken Donezk und Lugansk an und schloss mit ihnen Beistandsverträge. Diese dienten dem russischen Präsidenten Wladimir Putin als Begründung für den groß angelegten Angriff auf die Ukraine am 24. Februar.

Nur-Sultan

Bischkek

Taschkent  9  11

Duschanbe  4

schgabat

KASACHSTAN

KIRGISISTAN

TADSCHIKISTAN

USBEKISTAN

TURKMENISTAN

# Anteil an Menschen, die Waffenlieferungen an die Ukraine befürworten

## 22 Prozent

kurz vor dem Krieg
Insa-Umfrage, 23.2.2022

Waffenlieferungen sind in Deutschland ein unbeliebtes Thema. Viele sind grundsätzlich dagegen. Auch gegen Waffenlieferungen an die Ukraine waren die Deutschen anfangs mehrheitlich – trotz des bereits seit 2014 geführten hybriden Krieges. Mit Beginn der russischen Invasion schlug die öffentliche Meinung jedoch um.

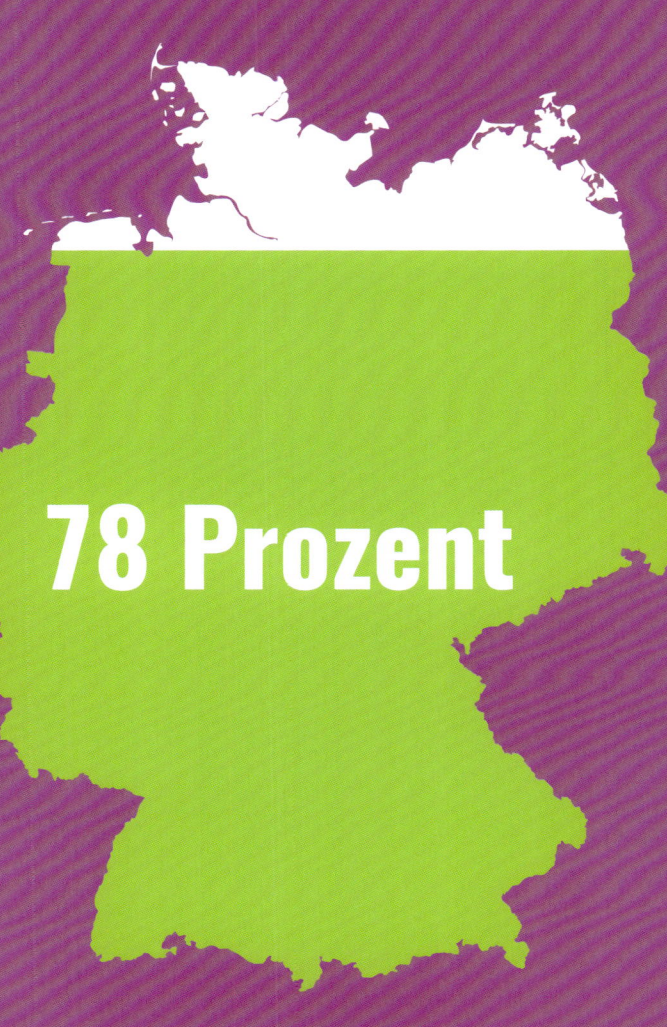

## 78 Prozent

**kurz nach Kriegsbeginn**
**Forsa-Umfrage, 28.2.2022**

# Orte, die Odes(s)a heißen

Odesa

Exportschlager Stadtname. 13-mal gibt es Odessa als Stadtnamen in den USA und Kanada. Die schönste Stadt mit diesem Namen liegt aber in der Ukraine. Sie ist eine der wichtigsten Hafenstädte des Landes. Und dort gibt es auch eine Lenin-Statue, die eigentlich gar keine mehr ist. Ein Künstler hat der Figur einfach einen schicken Helm aufgesetzt und Lenin auf diese Weise in Darth Vader verwandelt. Findet man in den USA bestimmt nicht.

# Kriegsvorbereitung: Fake News verbreiten

Einer Studie zufolge sind 75 offizielle russische Regierungs-Accounts maßgeblich dafür verantwortlich, Falschinformationen zu verbreiten. Zwischen dem 25. Februar und dem 3. März 2022 haben sie 1.157 Tweets abgesetzt – drei Viertel davon zur Ukraine. In diesen werden der russische Einmarsch gerechtfertigt und Unwahrheiten verbreitet. Sie wurden fast 36 Millionen Mal retweetet, haben rund 30 Millionen Likes bekommen und vier Millionen Antworten.

# Anzahl der Tweets über die Ukraine von russischen Regierungs-Accounts, die ...

... wahr sind    ... falsch sind

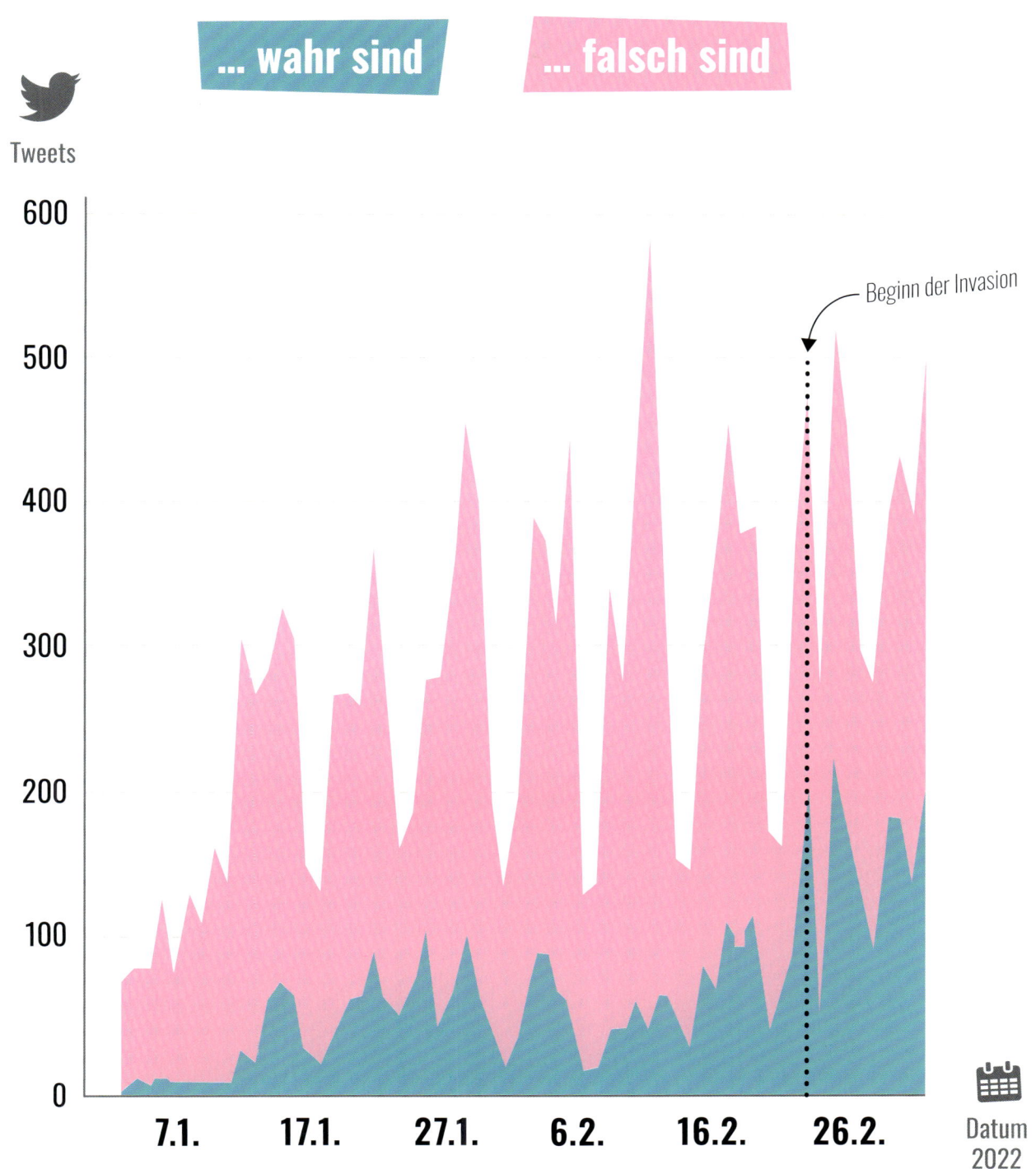

Tweets

600

500

400

300

200

100

0

Beginn der Invasion

7.1.    17.1.    27.1.    6.2.    16.2.    26.2.

Datum
2022

# Kriege im Ausland

seit 2000

UKRAINE **0**

Eine der Kriegsbegründungen vonseiten Russlands lautet, dass von der Ukraine eine Bedrohung für die eigene Sicherheit ausgehe. Schon der Blick auf die Kriegstätigkeit der Länder seit dem Jahr 2000 zeigt: Das ist ein vorgeschobener Grund. Tatsächlich hat Russland wiederholt in die Politik seiner Nachbarländer eingegriffen – teils mit militärischer Gewalt. Dabei ging es auch immer wieder darum, den eigenen Großmachtstatus zu untermauern.

## RUSSLAND 5

**2008 Georgien**

Russland besetzt die Regionen Südossetien und Abchasien nach innergeorgischen Konflikten

**Ostukraine + Krym seit 2014**

Annexion der Krym, Unterstützung prorussischer Separatist:innen in der Ostukraine

**Syrien seit 2015**

Auf Bitten von Präsident al-Assad Eingreifen in den syrischen Bürgerkrieg, zahlreiche völkerrechtswidrige Bombardierungen ziviler Gebiete durch russische Truppen

**seit 2022 Ukraine**

russischer Angriffskrieg: völkerrechtswidrige Invasion der Ukraine

**Libyen seit 2018**

Söldner der rechtsextremen „Gruppe Wagner" unterstützen General Haftar gegen die libysche Regierung

# Herkunft europäischer Boxweltmeister:innen

## 1885-2021, im Schwergewicht, alle Verbände

Dr. Ironfist, Dr. Steelhammer und the Cat haben etwas gemeinsam: Sie sind ukrainische Boxweltmeister im Schwergewicht. Während Erstere – die Brüder Witali und Wolodymyr Klytschko – ihre Profikarriere bereits beendet haben, hält Oleksandr Usyk Anfang 2022 die Weltmeistertitel der Verbände WBA, IBF, IBO und WBO. Mit Beginn der russischen Invasion kündigten alle drei an, ihr Land mit der Waffe verteidigen zu wollen.

8

Twitter-Schlagabtausch

# Deutsche Botschaft kontert

# russische Propaganda

Punkt.

Liebe Abonnenten, wir haben eine große Anzahl von Solidaritätsschreiben von Südafrikanern erhalten, sowohl von Einzelpersonen als auch von Organisationen. Wir wissen diese Unterstützung zu schätzen und sind froh, dass sie sich entschieden haben, uns beizustehen, wenn Russland – wie vor 80 Jahren – den Nationalsozialismus in der Ukraine bekämpft.

**Russische Botschaft in Südafrika** (5.3.22)

Sorry, aber hierzu können wir nicht schweigen, das ist einfach viel zu zynisch. Was ▬ in ▬ tut, ist das Abschlachten unschuldiger Kinder, Frauen und Männer zum eigenen Vorteil.
Es ist definitiv kein „Kampf gegen den Nationalsozialismus". Schande über jeden, der darauf hereinfällt. (Leider sind wir irgendwie Experten für Nationalsozialismus.)

**Antwort der deutschen Botschaft in Südafrika** (5.3.22)

**Pretoria**
*Botschaftssitze*

# Die wichtigsten Exportländer für die Ukraine 2020

gemessen am Handelsvolumen, in Milliarden US-Dollar

Polen **3,26**

Niederlande **1,81**

Deutschland **2,12**

Ungarn **1,51**

USA **1,11**

Italien **1,96**

Spanien **1,28**

Rumänien **1,06**

Zu den wichtigsten Handelspartnern der Ukraine gehören China und Russland. Nach China gingen vor allem Getreide, Pflanzenöl und Eisenerz. Fast 60 Prozent der Eisenerzausfuhren wurden im Jahr 2020 dorthin geliefert.

Auch nach Russland exportierte die Ukraine vor dem Krieg viele Güter. Das mit Abstand wichtigste Ausfuhrgut war Aluminiumoxid. Russland kaufte davon rund 95 Prozent des gesamten ukrainischen Exportvolumens. Damit ist die Ukraine Russlands wichtigste Quelle für diesen Stoff, aus dem vor allem Aluminium hergestellt wird. Nur aus Australien bezieht es ähnlich viel Aluminiumoxid.

Deutschland importiert vor allem isolierte Drähte und Raps aus der Ukraine – 2020 in einem Gesamtwert von 612 Millionen US-Dollar.

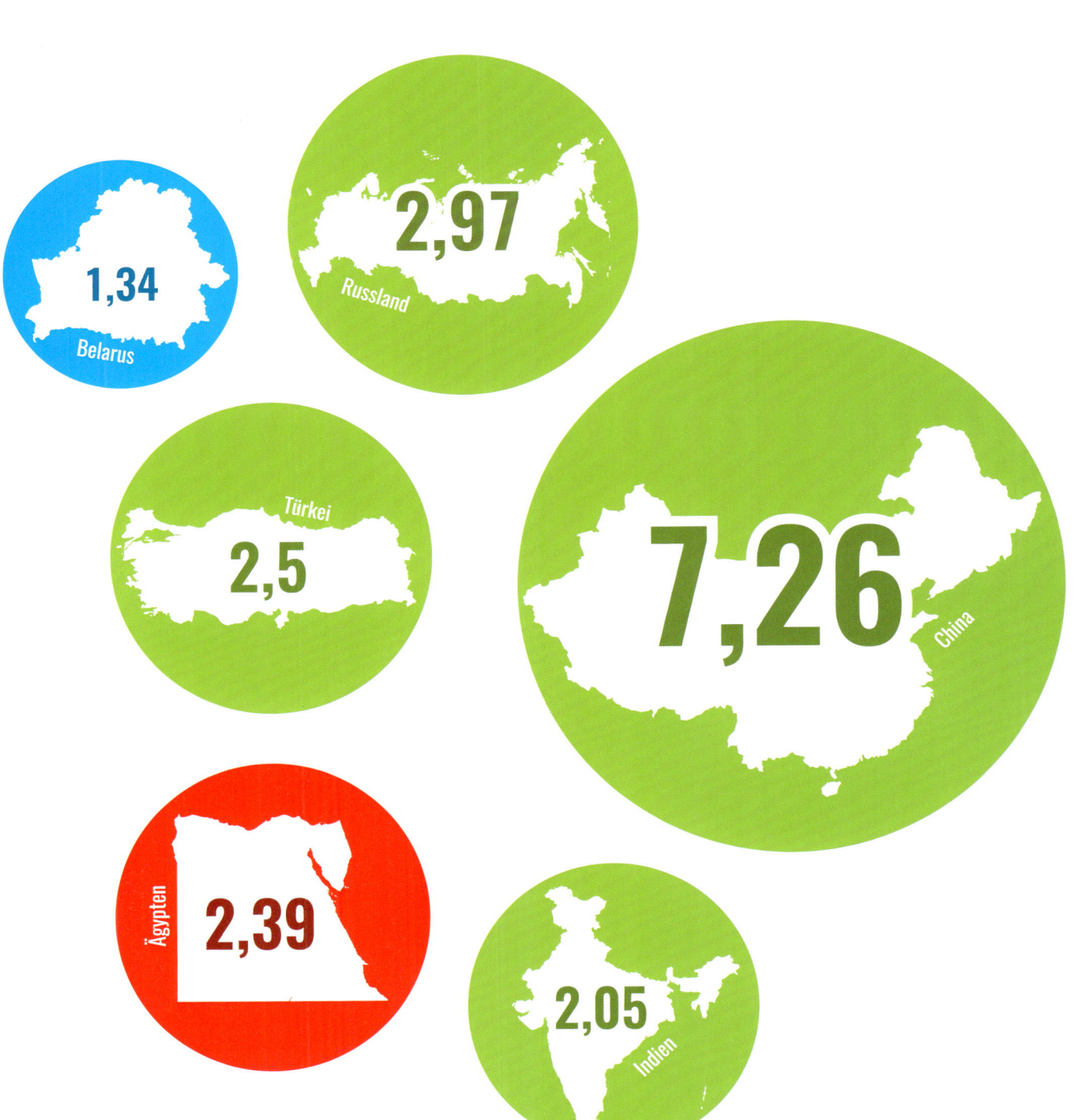

1,34
Belarus

2,97
Russland

Türkei
2,5

7,26
China

Ägypten
2,39

2,05
Indien

602.740 km²

Niederlande

Deutschland

Tschechien

Schweiz

Österreich

Liechtenstein

# Die Ukraine ist das größte Land

... Europas, das ausschließlich auf europäischem Festland liegt. Nicht mal Deutschland, die Niederlande, Tschechien, die Schweiz, Liechtenstein und Österreich zusammen sind so groß.

Ukraine

**603.550 km²**

# Frauenanteil im Militär

2019, in Prozent

## ... in der Ukraine

21

Griechenland

**20**
Ungarn

**19**

**17**
USA

**16**
Bulgarien

**16**
Kanada

**16**
Frankreich

**16**
Lettland

**15**
Slowenien

**14**
Albanien

Norwegen
**14**

**13**
Tschechien

Spanien
**13**

Kroatien
**13**

**12**
Deutschland

**12**
Litauen

Nato-Durchschnitt

**12**
Portugal

**12**
Slowakei

Belgien

**11**
Niederlande

**11**
Vereinigtes Königreich

**10**
Estland

**9**

**8**
Dänemark

**8**
Luxemburg

**7**
Polen

**6**
Montenegro

**6**
Italien

**0,3**
Türkei

## ... und den
## Nato-Mitgliedstaaten
keine Daten für Island und Rumänien

## ... und Russland

**4**
Russland

# Frauenanteil im ukrainischen Militär

in Prozent

## 2020

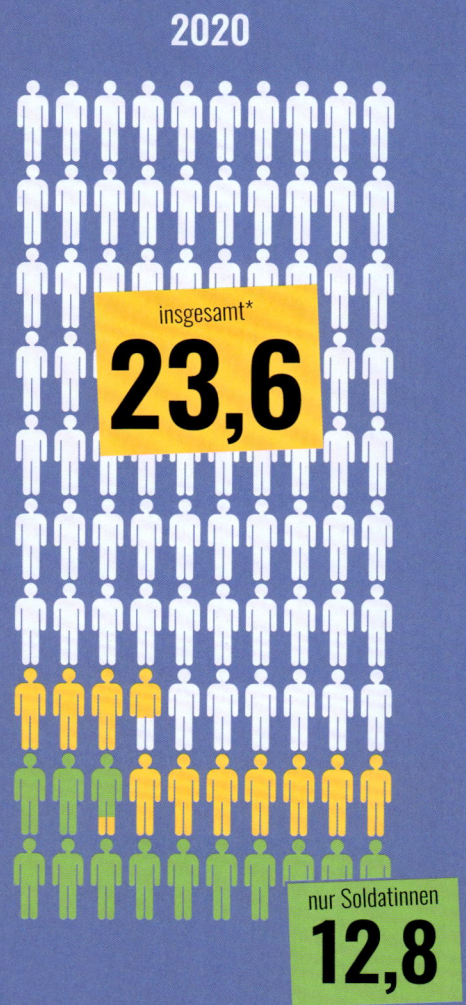

insgesamt*

**23,6**

nur Soldatinnen

**12,8**

## 2021

insgesamt*

**22,8**

nur Soldatinnen

**15,5**

*umfasst auch Frauen, die in der Verwaltung des Militärs angestellt sind

Nur wenige Länder haben in ihren Streitkräften einen so hohen Frauenanteil wie die
Ukraine. 2021 befanden sich rund 57.000
Frauen im militärischen Dienst. Während in
den vergangenen Jahren noch viele in Ver-
waltungspositionen tätig waren, sind mittlerweile über zwei Drittel als Soldatinnen
im Einsatz. Darunter auch eine 79-Jährige
und eine ehemalige Miss Ukraine.

# Wer hat Atomwaffen?

Stand Februar 2022

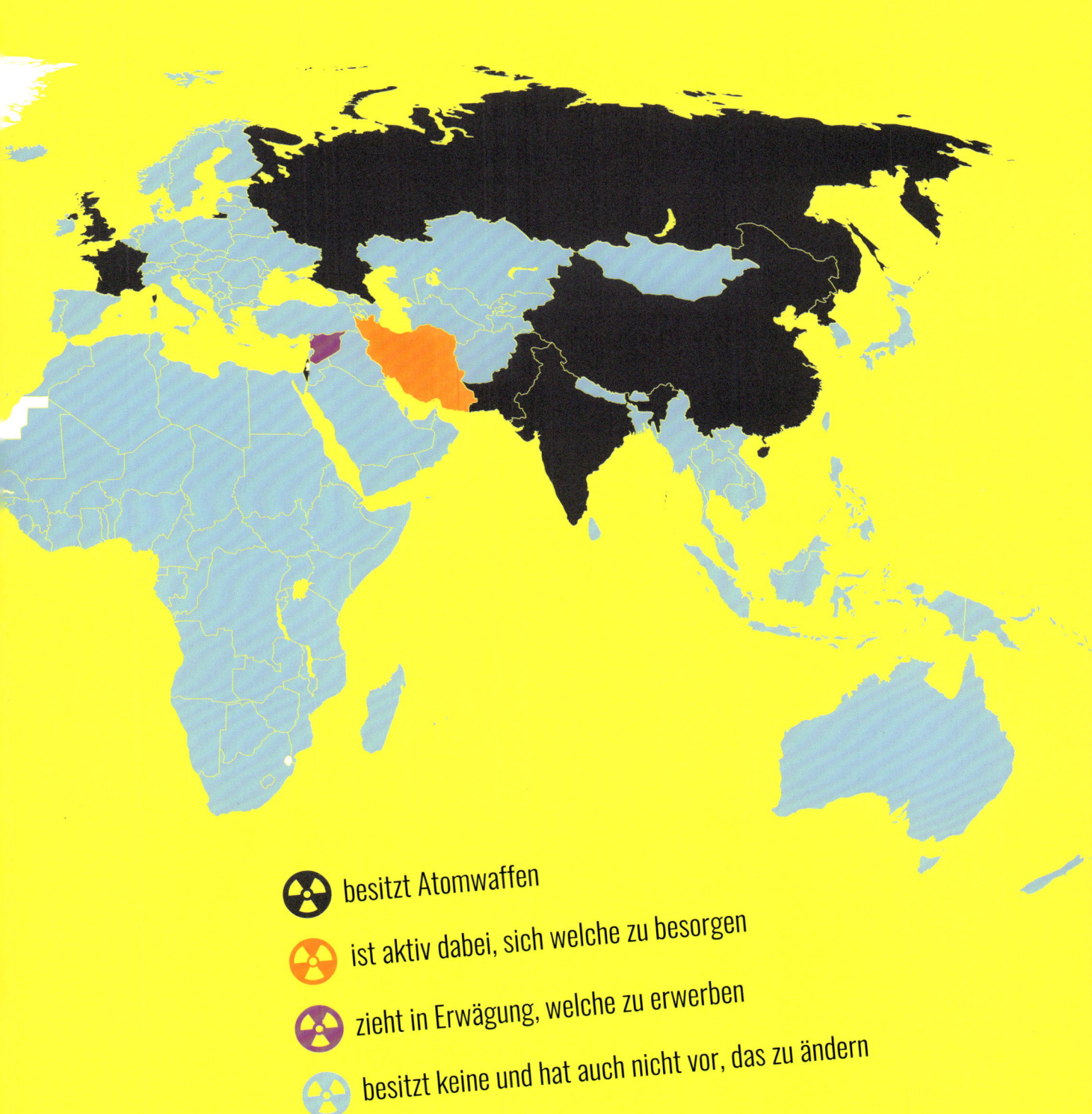

besitzt Atomwaffen

ist aktiv dabei, sich welche zu besorgen

zieht in Erwägung, welche zu erwerben

besitzt keine und hat auch nicht vor, das zu ändern

keine Daten

# Der drittlängste Fluss Europas fließt durch die Ukraine

Der Dnipro ist der drittlängste Fluss Europas! Er ist 2.201 Kilometer lang. Davon sind fast 1.700 Kilometer mit dem Schiff befahrbar. Entlang des Dnipro gibt es sechs große Stauseen. Zu Sowjetzeiten wurden dort Wasserkraftwerke errichtet, mit denen die Ukraine heute Strom gewinnt. Als die größten Staudämme in den 60er- und 70er-Jahren gebaut wurden, mussten zahlreiche Menschen ihre Heimat verlassen.

7. Rhein 1.233 km

12. Loire 1.004 km

15. Duero 897 km

14. Ebro 910 km

11. Tajo 1.007 km

5. Petschora
1.802 km

1. Wolga
3.530 km

10. Düna
1.020 km

13. Memel
937 km

4. Don

8. Elbe
1.094 km

9. Weichsel
1.047 km

3. Dnipro
2.285 km

6. Dnister
1.352 km

1.870 km

2. Donau
2.845 km

deutsche Stadt
ukrainische Stadt
inaktive Partnerschaft

**Oberndorf**
Owrutsch

**Walsrode**
Kowel

**Barsinghausen**
Kowel

**Celle**
Sumy

**Wathlingen**
Truskawez

**Gifhorn**
Korsun-Schewtschenkiwsky

**Schöningen**
Solotschiw

**Berlin**
Kyjiw, Charkiw-Industrialny

**Mittenwalde**
Machniwka

**Magdeburg**
Saporischschja

**Lippe**
Luzk

**Oberhausen**
Saporischschja

**Bochum**
Donezk

**Gudensberg**
Schtschyrez

**Leipzig**
Kyjiw

**Borna**
Irpin

**Radebeul**
Obuchiw

**Viersen**
Kaniw

**Düren**
Stry

**Zwickau**
Wolodymyr-Wolynsky

**Erzhausen**
Iwanychi

**Wiesbaden-Schierstein**
Kamjanez-Podilskyj

**Darmstadt**
Uschhorod

**Oberviechtach**
Riwne

**Nürnberg**
Charkiw

**Saarpfalz**
Pustomyty

**Heidelberg**
Simferopol

**Regensburg**
Odesa

**Ludwigsburg**
Jewpatorija

**Leinfelden-Echterdingen,
Filderstadt, Ostfildern
(Dreieckspartnerschaft)**
Poltawa

**Baden-Baden**
Jalta

**Eichenau**
Wyschhorod

**München**
Kyjiw

**Pullach**
Baryschiwka

**Bad Endorf**
Wolowez

**Freiburg**
Lwiw

**Singen**
Kobeljaki

**Memmingen**
Tschernihiw

**Berlin**

# Städtepartnerschaften
## zwischen der Ukraine und Deutschland
Auswahl

**Owrutsch**
Oberndorf

**Tschernihiw**
Memmingen

**Wyschhorod**
Eichenau

**Sumy**
Celle

**Charkiw**
Nürnberg

**Charkiw-Industrialny**
Berlin-Steglitz-Zehlendorf

**Wolodymyr-Wolynsky**
Zwickau

**Kowel**
Barsinghausen, Walsrode

**Luzk**
Lippe

**Riwne**
Oberviechtach

**Irpin**
Borna

**Kyjiw**
Berlin, Leipzig,
München

**Baryschiwka**
Pullach

**Poltawa**
Leinfelden-Echterdingen, Filderstadt,
Ostfildern (Dreieckspartnerschaft)

**Iwanychi**
Erzhausen

**Machniwka**
Mittenwalde

**Obuchiw**
Radebeul

**Kaniw**
Viersen

**Korsun-Schewtschenkiwsky**
Gifhorn

**Kobeljaki**
Singen

**Donezk**
Bochum

**Pustomyty**
Saarpfalz

**Lwiw**
Freiburg

**Solotschiw**
Schöningen

**Schtschyrez**
Gudensberg

**Stry**
Düren

**Kamjanez-Podilskyj**
Wiesbaden-Schierstein

**Saporischschja**
Magdeburg, Oberhausen

**Truskawez**
Wathlingen

**Wolowez**
Bad Endorf

**Uschhorod**
Darmstadt

**Odesa**
Regensburg

**Jewpatorija**
Ludwigsburg

**Simferopol**
Heidelberg

**Jalta**
Baden-Baden

**ukrainische Stadt**
deutsche Stadt

● inaktive Partnerschaft

Kyjiw

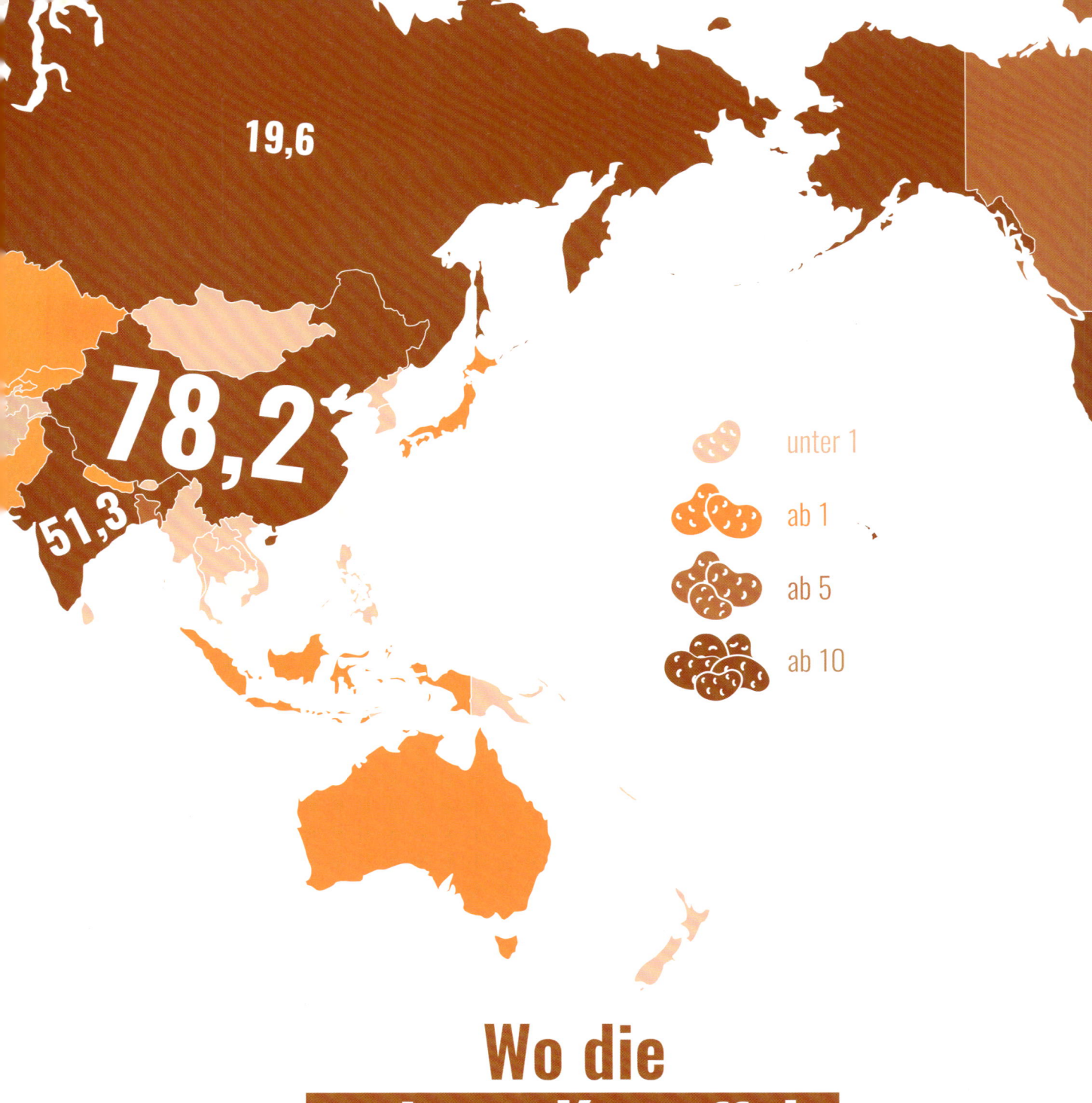

19,6

78,2

51,3

unter 1

ab 1

ab 5

ab 10

# Wo die meisten Kartoffeln geerntet werden

2020, in Millionen Tonnen

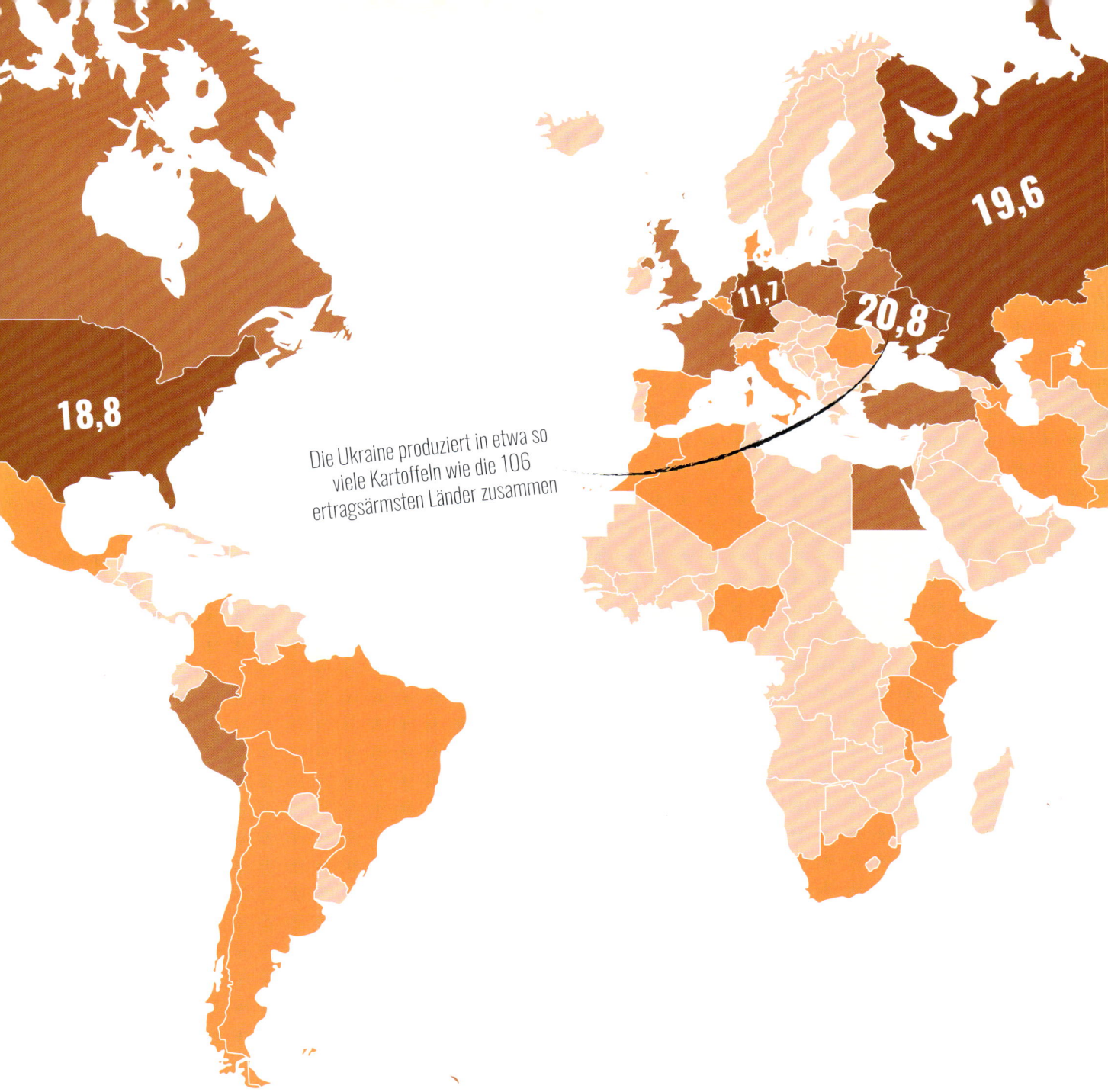

18,8

11,7

19,6

20,8

Die Ukraine produziert in etwa so viele Kartoffeln wie die 106 ertragsärmsten Länder zusammen

Nach China und Indien produziert die Ukraine weltweit die meisten Kartoffeln. Davon wird ein großer Teil für den Eigenbedarf genutzt. 100 Kilogramm der Knollen essen Ukrainer:innen durchschnittlich jedes Jahr. Da kann die selbsternannte »Kartoffelnation« Deutschland nicht mithalten – nur 55 Kilogramm Kartoffeln pro Kopf verzehren die Deutschen pro Jahr.

# Welches europäische Land produziert den meisten Atomstrom?

Rang innerhalb Europas, 2021

mehr Strom aus Kernenergie als aus anderen Quellen

weniger Strom aus Kernenergie als aus anderen Quellen

gar keinen Strom aus Kernenergie

keine Daten / außerhalb Europas

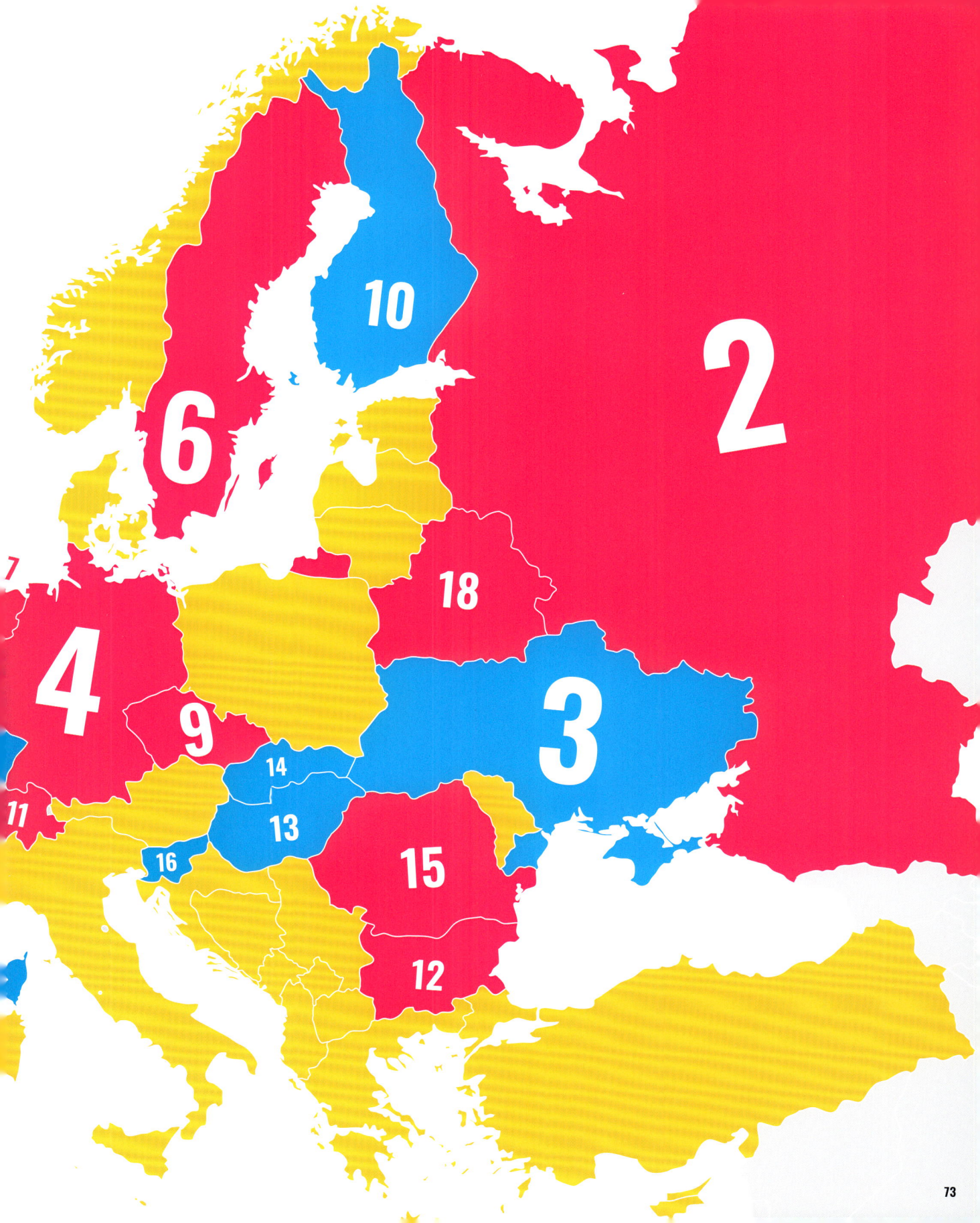

Russland

Deutschland

Vereinigtes Königreich

Frankreich

Italien

Spanien

41,4 Mio.

Ukraine

Polen

Rumänien

Niederlande

Belgien

Tschechien

Griechenland

Schweden

Portugal

Ungarn

Belarus

Österreich

Schweiz

Bulgarien

Serbien

Dänemark

Finnland

Slowakei

# In diesen 20 europäischen Ländern leben zusammen so viele Menschen wie in der Ukraine

geordnet nach Bevölkerungsgröße, 2021

Norwegen

Irland

Kroatien

Moldau

Bosnien und Herzegowina

Albanien

Litauen

Nordmazedonien

Slowenien

Lettland

Kosovo

Estland

Montenegro

Luxemburg

Malta

Island

Andorra

Monaco

Liechtenstein

San Marino

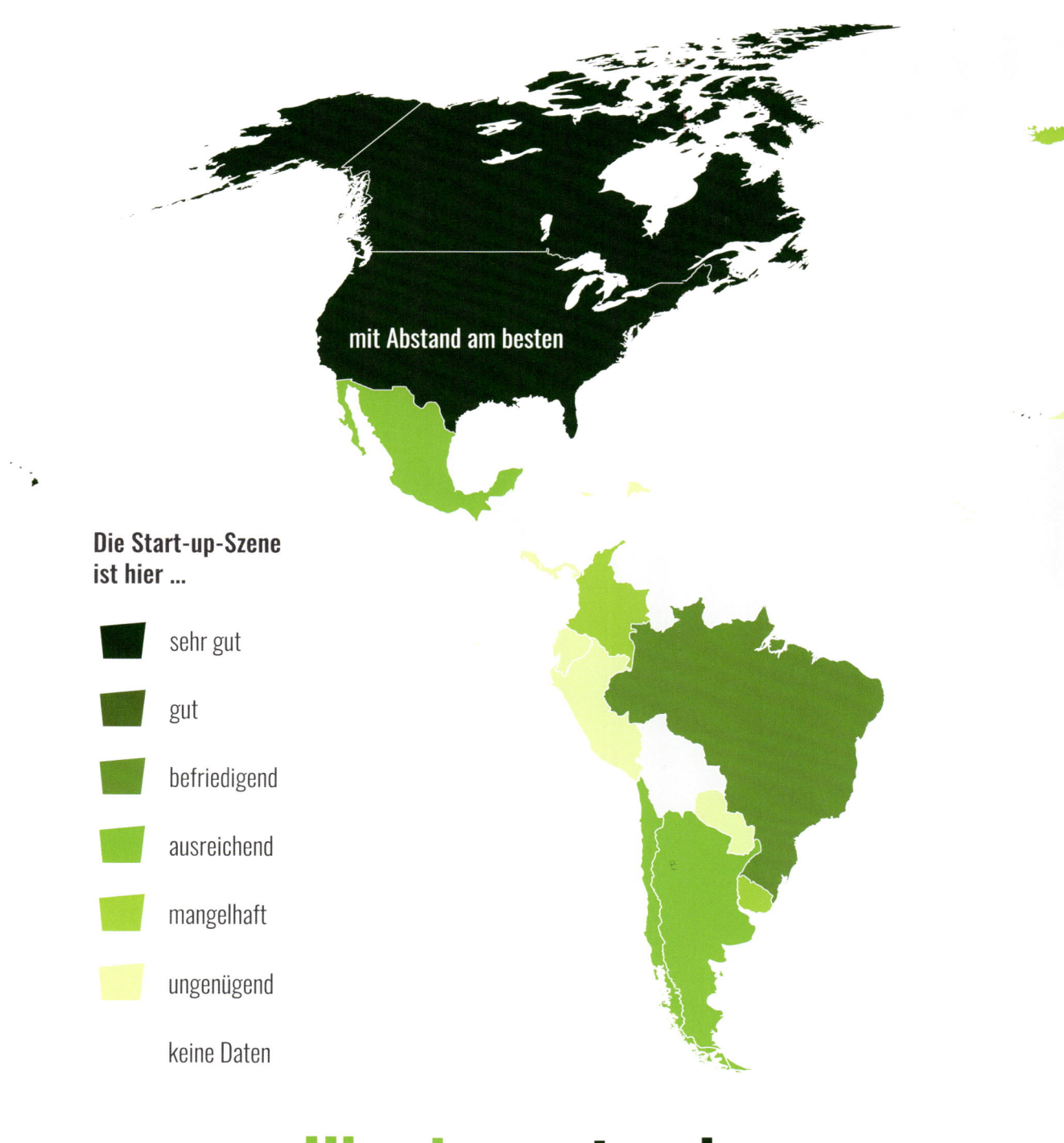

**Die Start-up-Szene ist hier ...**

- sehr gut
- gut
- befriedigend
- ausreichend
- mangelhaft
- ungenügend
- keine Daten

mit Abstand am besten

# Ukraine unter den Top 35 der Start-up-Nationen

Global Startup Ecosystem Index 2021

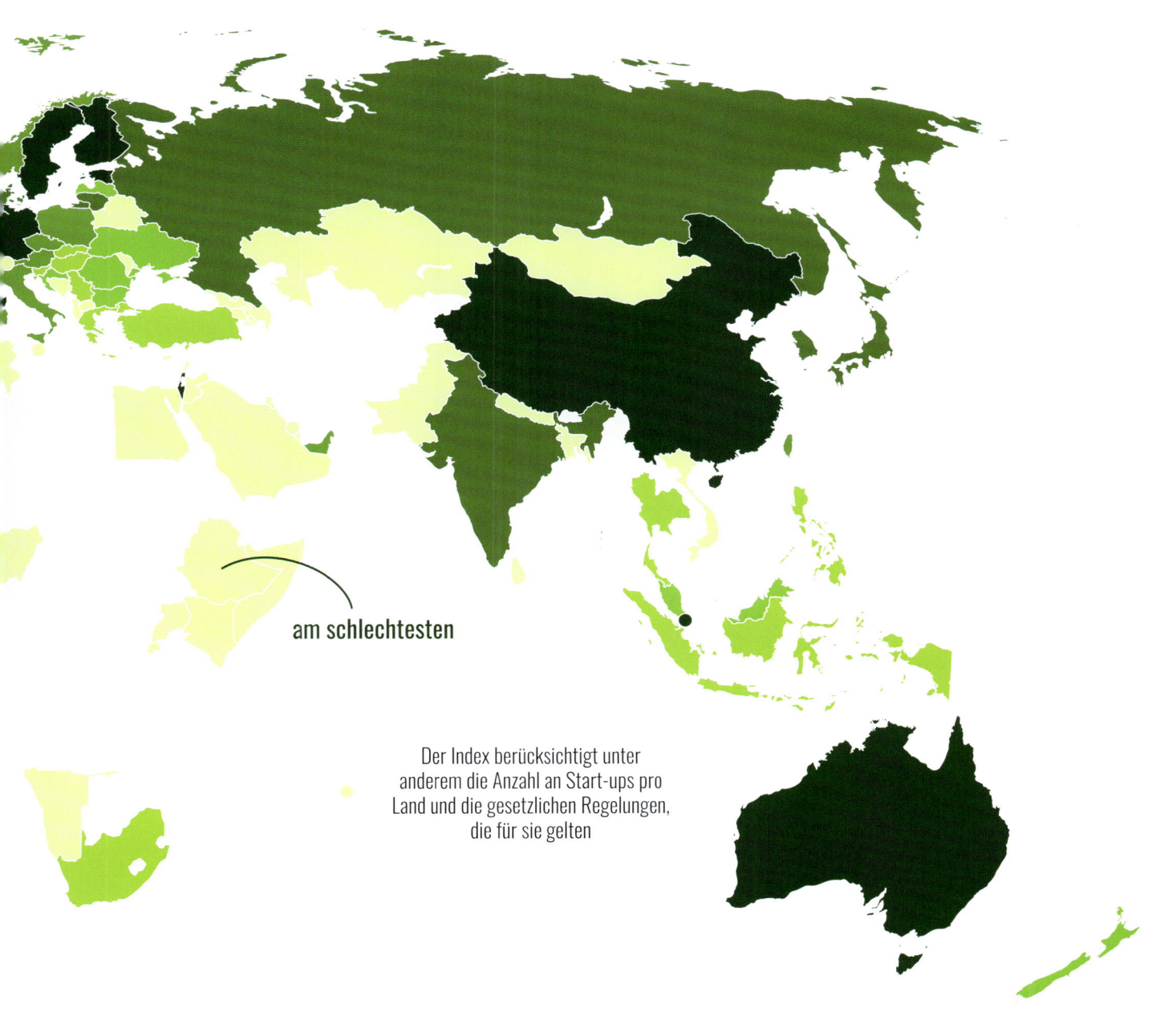

am schlechtesten

Der Index berücksichtigt unter anderem die Anzahl an Start-ups pro Land und die gesetzlichen Regelungen, die für sie gelten

Die Ukraine kann nur Landwirtschaft? Falsch! Das Land gehört zu den weltweit attraktivsten Start-up-Nationen. Das gilt vor allem für die Hauptstadt Kyjiw. Dort stellen Unternehmen etwa Zahnbürsten aus Recycling-papier her – oder E-Bikes, die mit nur einem Batterie-wechsel weiter fahren können als ein Tesla Model 3. Was hat die Firma dafür bekommen? Einen Eintrag ins *Guinessbuch der Rekorde.*

Weder Bier noch Wein. In der Ukraine trinkt man am liebsten Spirituosen! Und dann am besten das National-getränk Horilka, eine Wodkasorte. Das Wort bedeutet gleichzeitig auch »bren-nen«. Manchmal wird es auch mit »Brotwein« übersetzt, weil der Schnaps aus Weizen hergestellt wird.

Für jede Runde gibt es übrigens einen Toast. Meistens in dieser Reihenfol-ge: 1. Auf das Beisammensein. 2. Auf den Gastgeber oder die Gastgeberin. 3. Auf die Frauen. 4. Auf die Männer. Die Runden 7 und 21 sind der Liebe gewidmet. Alle anderen Runden be-stimmt man selbst und sicher wird der-zeit auch viel auf die Armee und die Nation angestoßen.

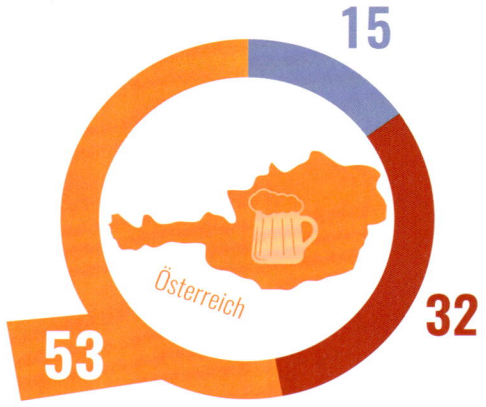

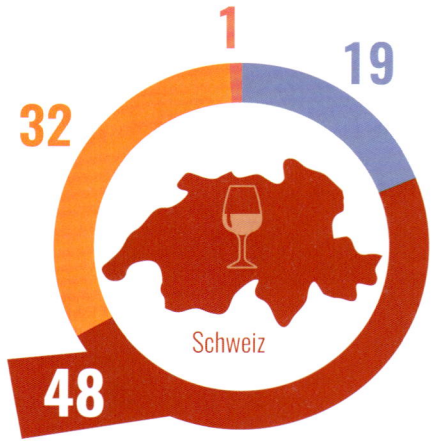

# Alkoholkonsum
# nach Art des Getränks

Anteil in Prozent, 2016

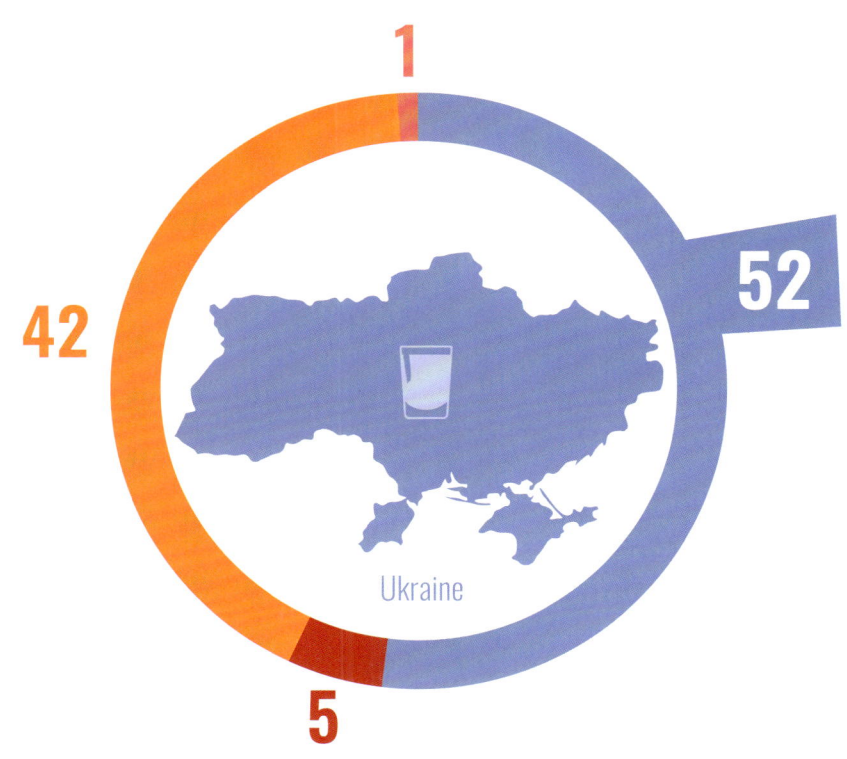

1

52

42

5

Ukraine

 Spirituosen     Bier     Wein     Sonstiges

7.918
1. Russland

6.318
2. USA

6.299
3. Kanada

4.544
4. Frankreich

3.594
5. Ukraine

2.698
6. Australien

2.119
7. Deutschland

2.029
8. Argentinien

1.137
9. Kasachstan

1.046
10. Polen

949
11. Rumänien

911
12. Litauen

699
13. Bulgarien

649
14. Lettland

631
15. Ungarn

# Top 15 Weizenexporteure

## Handelsvolumen in Millionen US-Dollar, 2020

Kornkammer der Sowjetunion – so wurde die Ukraine aufgrund ihrer fruchtbaren Erde lange bezeichnet. Bis heute produziert das Land überdurchschnittlich viel Getreide. Vor dem Krieg kamen fast 30 Prozent des weltweit gehandelten Weizens aus der Ukraine und Russland.

Besonders betroffen vom russischen Überfall sind deswegen auch Länder, die viel Weizen importieren. In Afrika stammt beispielsweise knapp ein Drittel des verbrauchten Weizens aus Russland und der Ukraine. Die beiden Staaten beliefern Länder, deren Reserven im Gegensatz zu jenen Europas oftmals nicht üppig gefüllt sind.

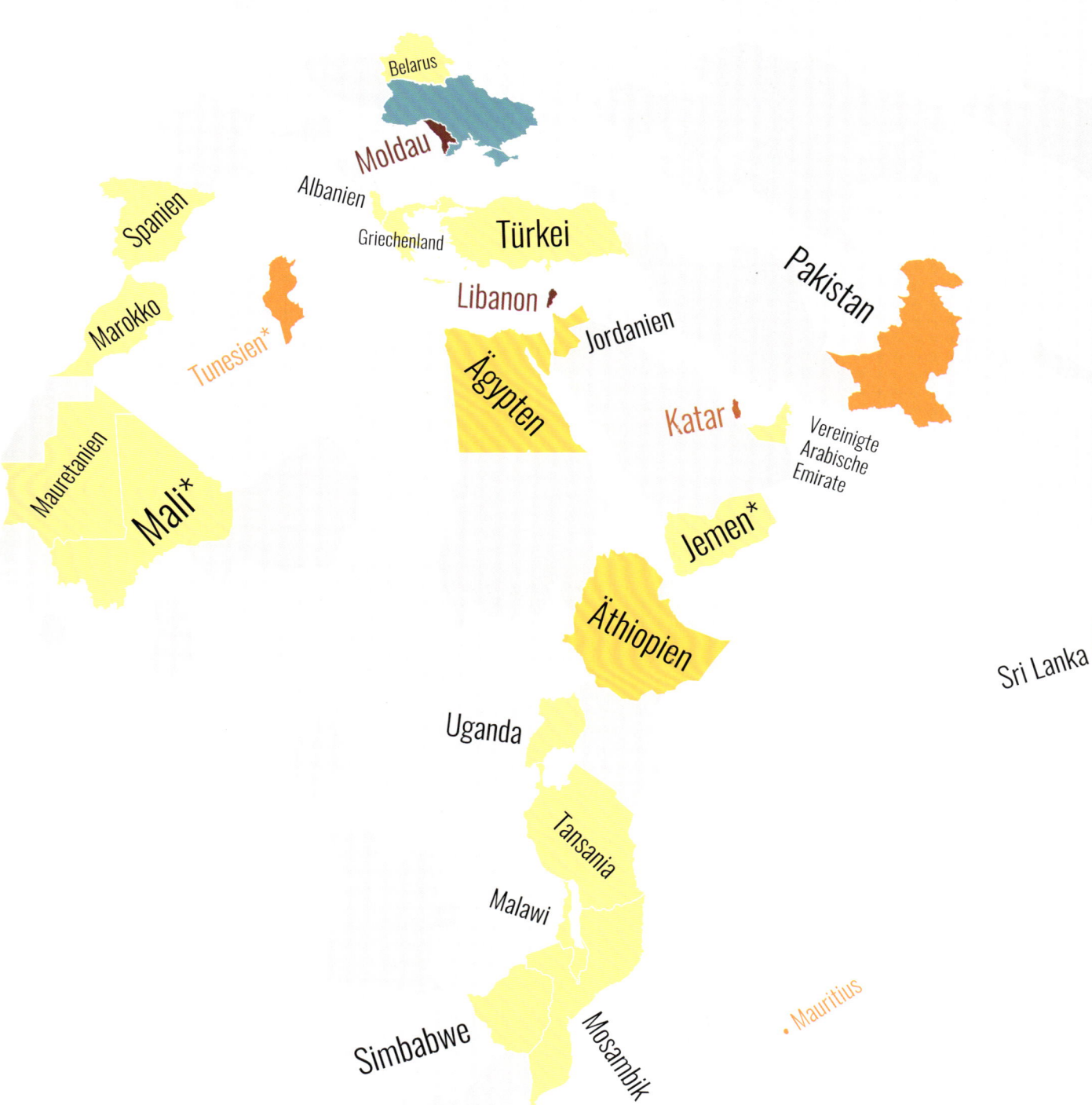

Belarus

Moldau

Albanien

Spanien

Griechenland

Türkei

Pakistan

Marokko

Libanon

Tunesien*

Jordanien

Mauretanien

Ägypten

Katar

Vereinigte
Arabische
Emirate

Mali*

Jemen*

Äthiopien

Sri Lanka

Uganda

Tansania

Malawi

Mauritius

Simbabwe

Mosambik

*Daten von 2019

# Abhängigkeit von Weizen aus der Ukraine

Anteil der Importe aus der Ukraine an den gesamten Weizenimporten eines Landes, in Prozent, 2020

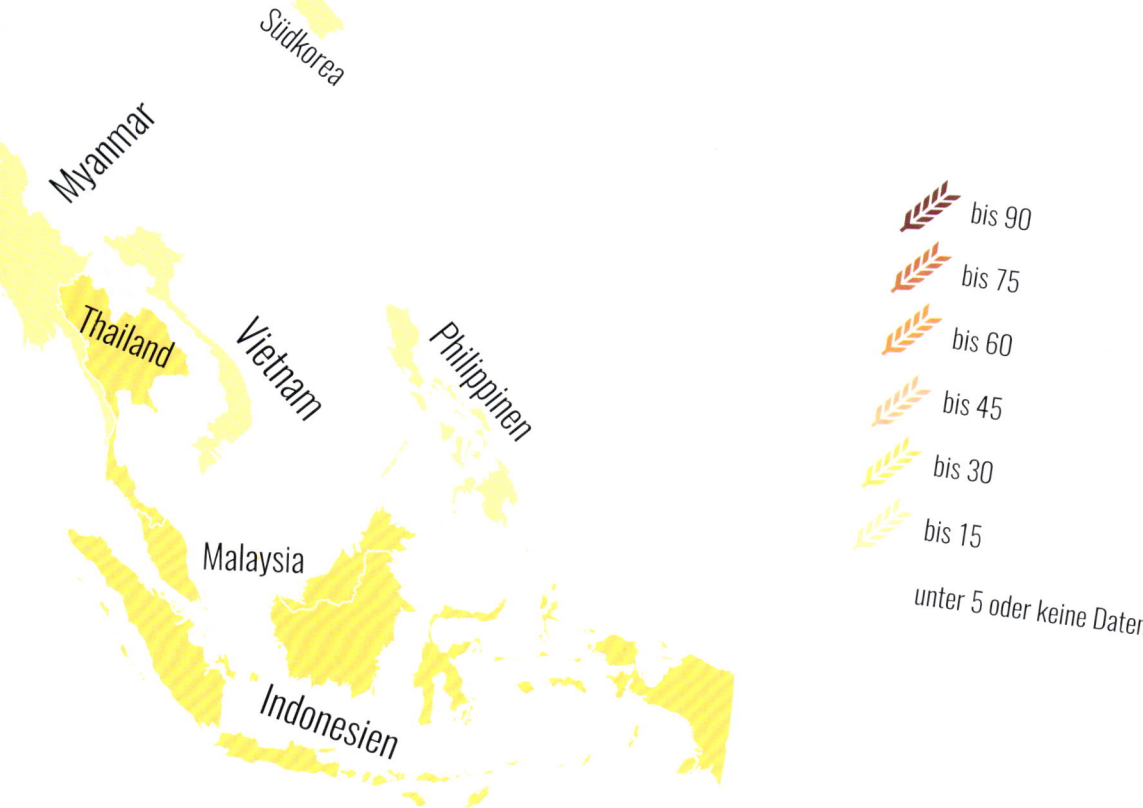

bis 90

bis 75

bis 60

bis 45

bis 30

bis 15

unter 5 oder keine Daten

Die Ukraine ist eines der wichtigsten Weizenexportländer. Durch den Krieg ist aktuell aber nicht klar, ob genügend Landwirt:innen ihre Äcker bestellen können und ob sie Zugang zu den notwendigen Maschinen erhalten. Denn diese werden normalerweise über die Schwarzmeerhäfen angeliefert. Übrigens: Die Menge des in der EU vergeudeten Weizens entspricht etwa der Hälfte der ukrainischen Weizenexporte.

# Spurweiten europäischer Eisenbahnschienen

Die Sowjetunion hatte schon immer breitere Bahn-strecken gebaut als Mittel- und Westeuropa. Auch die Ukraine setzte auf die breiten Trassen. 2020 erklärte sie dann aber, in Zukunft auf die engere Normalspur umzusteigen. Warum? Es erleichtert den Güter- und Personenverkehr mit den westlichen Nachbarn.

Die unterschiedlichen Spurweiten in Europa und der Welt ergeben sich aus wirtschaftlichen, technischen und militärischen Gründen. Zum Beispiel wurde oft aus militärisch-strategischen Überlegungen be-wusst eine andere Spurweite als in Nachbarländern gewählt, um im Falle eines Krieges die feindlichen Nachschubtransporte zu erschweren.

## Spurweite in Millimetern

- 1.435
- 1.520/1.524
- 1.600
- 1.668

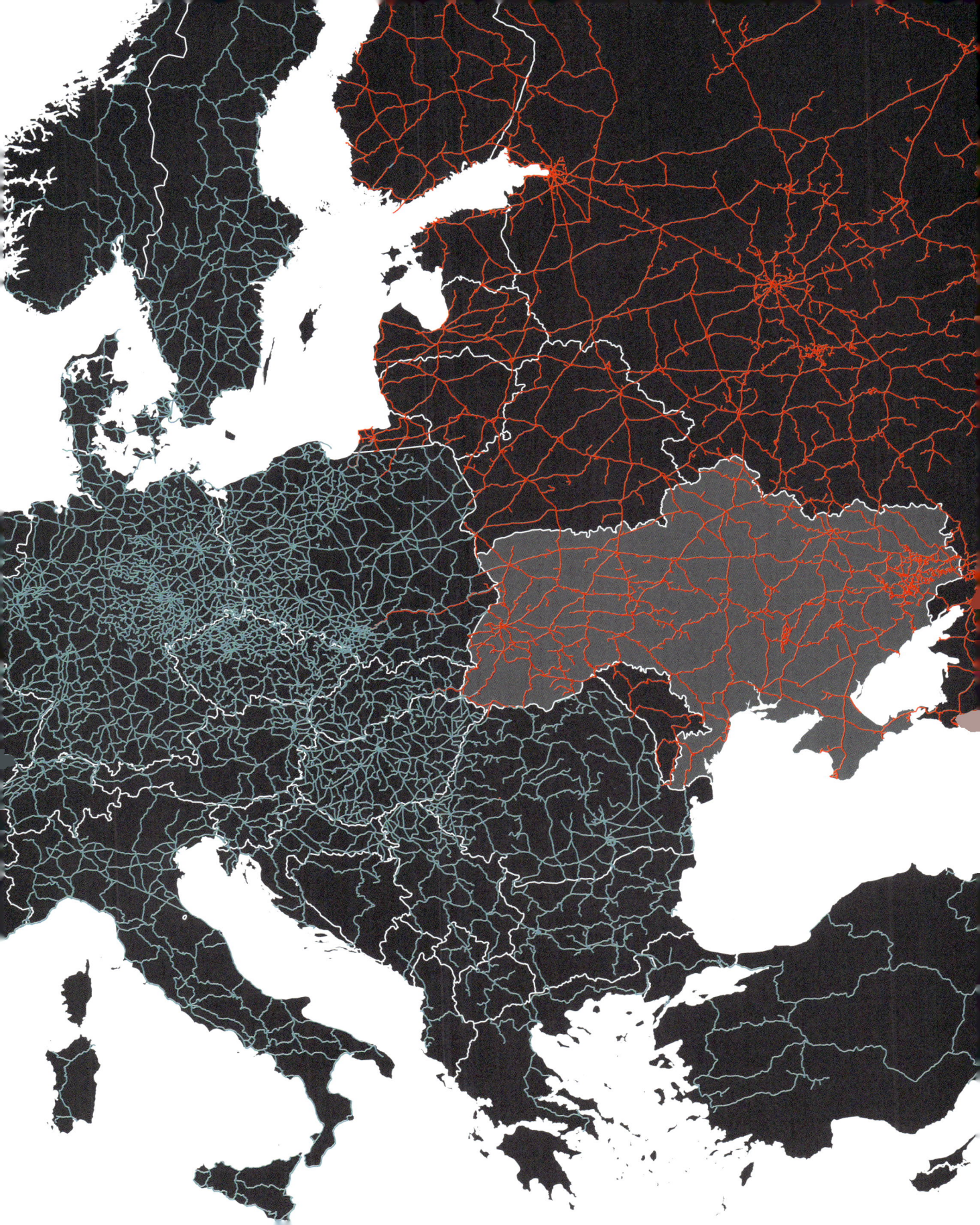

**USA**
**Donald Trump**
2017-2021

**USA**
**Ronald Reagan**
1981-1989

**Guatemala**
**Jimmy Morales**
2016-2020

# Länder, deren Präsidenten vor ihrer Amtszeit Schauspieler oder Komiker waren

seit 1960

**Ukraine**
**Wolodymyr Selenskyj**
seit 2019

**Philippinen**
**Joseph Estrada**
1998-2001

etwa 2.500 km

# Die Katakomben von Odesa ...

... sind das größte unterirdische Tunnelsystem der Welt! Erst sollte dort Sandstein abgebaut werden, um die Stadt um 1800 zu errichten. Das Untergrundsystem wurde schnell ein Versteck für Schmuggler:innen und in der Gesellschaft weniger willkommenen Gruppen. Im Zweiten Weltkrieg versteckten sich die Einwohner:innen in den Katakomben 13 Monate lang vor den Nazis.

Bis heute gelang es nicht, das Tunnelsystem vollständig zu kartieren, zumal große Einsturz- und Verirrungsgefahr besteht. Davon lassen sich manche Ukrainer:innen aber nicht abhalten. Sie erforschen den Tunnel mittlerweile im gegenseitigen Wettstreit. Dabei gehen immer wieder Menschen verloren. In solchen Fällen werden die Rivalitäten der Gruppen aber schnell beiseitegelegt und gemeinsam nach den Vermissten gesucht. So konnten in den letzten Jahren auch einige Kinder gerettet werden, die sich verlaufen hatten.

# ... sind so lang wie alle Autobahnkilometer in <mark>Bayern</mark>

2.548 km (2020)

# ... oder fast so lang wie das gesamte Straßennetz von <mark>Wien</mark>

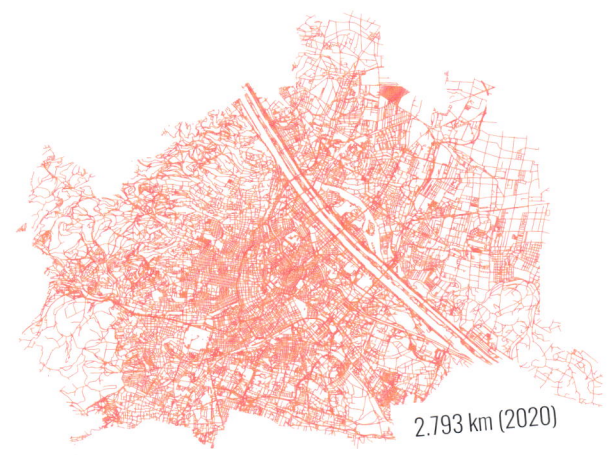

2.793 km (2020)

# Höchstes und niedrigstes Bruttoinlandsprodukt pro Kopf

in Europa, nominal, 2022, in US-Dollar

unter 5.000

 unter 15.000

 unter 25.000

 unter 35.000

 unter 45.000

 unter 55.000

 über 55.000

keine Daten

**135.005**

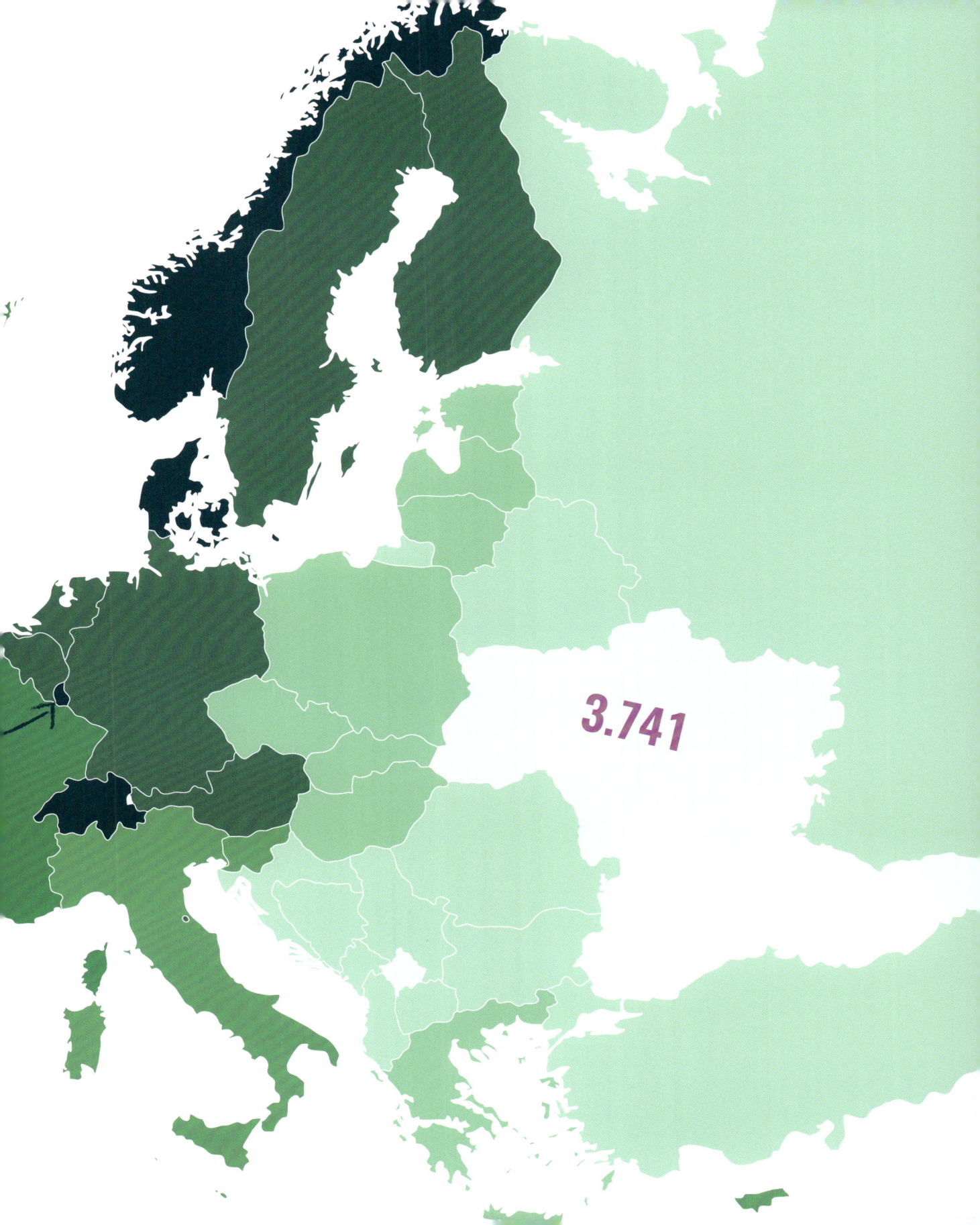

3.741

# Bruttoinlandsprodukt
### der Ukraine, in Milliarden US-Dollar

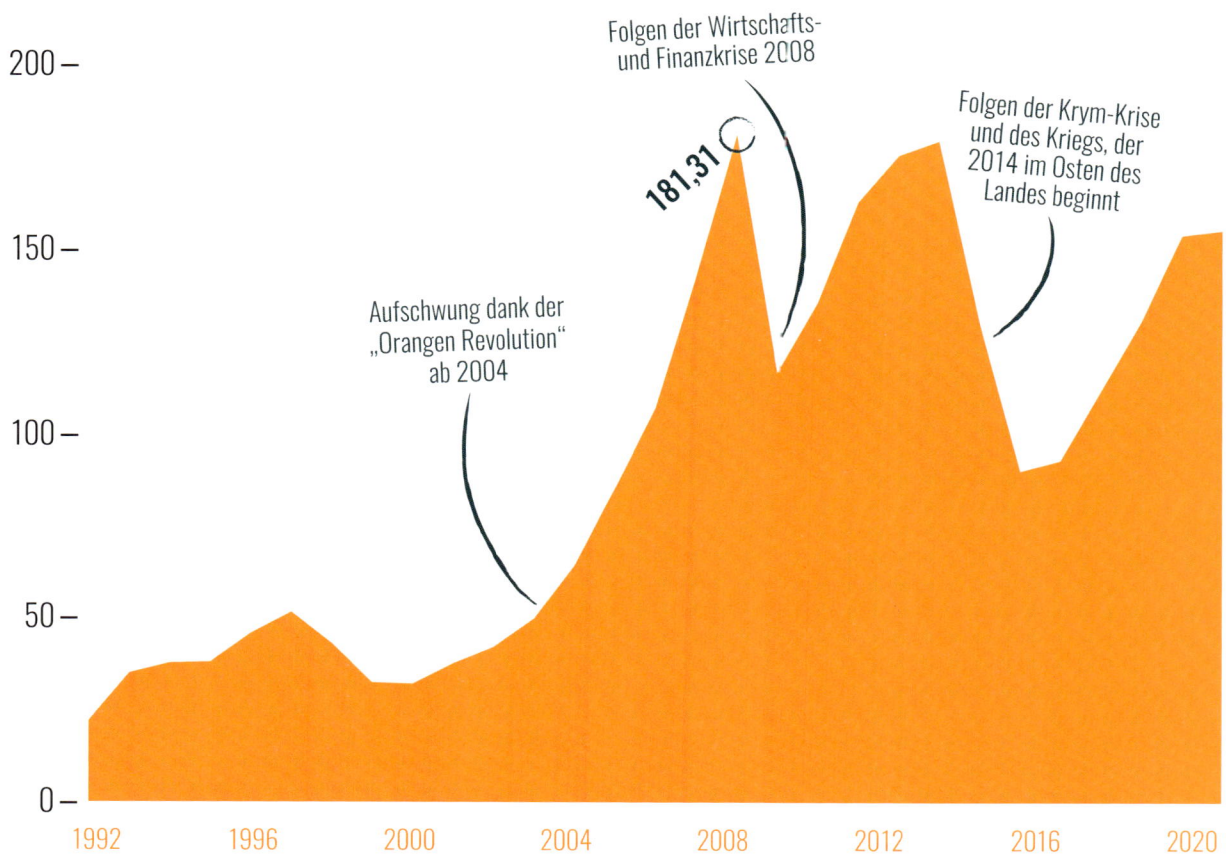

Folgen der Wirtschafts-
und Finanzkrise 2008

Folgen der Krym-Krise
und des Kriegs, der
2014 im Osten des
Landes beginnt

Aufschwung dank der
„Orangen Revolution"
ab 2004

181,31

200 —

150 —

100 —

50 —

0 —

1992    1996    2000    2004    2008    2012    2016    2020

Nach dem Zerfall der Sowjetunion ging es für die Ukraine wirtschaftlich erst einmal bergab. Einer der Hauptgründe dafür war die weitverbreitete Korruption im Land. Auch gegen diese Cliquenwirtschaft wurde im Zuge der »Orangen Revolution« wochenlang protestiert – mit Erfolg. Die wirtschaftliche Trendwende war aber nur von kurzer Dauer. Denn 2008 wird die Ukraine, wie viele andere

Staaten, von der Finanzkrise hart getroffen. Die Folgen waren weniger Exporte, mehr Arbeitslose und sinkende Löhne. Hinzu kam die Lage in der Ostukraine, die dem Land seit 2014 wirtschaftlich sehr geschadet hat. Denn die östlichen Regionen sind ökonomisch besonders wichtig wegen ihrer Steinkohlevorkommen, die von der Ukraine jetzt nicht mehr wie gewohnt genutzt werden können.

# Bruttoinlandsprodukt

2020, in Milliarden US-Dollar

Ukraine

**155,3**

Sachsen

**155,7**

# Atomwaffen in Europa

## Herkunft und geschätzte Anzahl der Sprengköpfe, 2021

Wladimir Putin behauptet immer wieder, dass auch die Ukraine »Abschreckungswaffen« wie beispielsweise Atombomben besitzen würde. Das ist nicht korrekt. Neun Staaten weltweit besitzen Atomwaffen, insgesamt etwa 13.000 Stück. Der Großteil gehört zu den Arsenalen der US-amerikanischen und der russischen Armee. Daneben verwahren weitere fünf Nato-Mitglieder US-Atomwaffen: Deutschland, Italien, Belgien, die Türkei und die Niederlande. Sie haben aber keine operationale Kontrolle darüber. Die meisten der zur Verfügung stehenden Atomwaffen sind um ein Vielfaches mächtiger als die Atombombe, die 1945 auf Hiroshima abgeworfen wurde.

Als die Ukraine noch Teil der Sowjetunion war, lagerten Tausende Atomsprengköpfe auf dem heutigen ukrainischen Territorium. Über ein eigenes Atomwaffenprogramm verfügte das Land allerdings nie. Nach dem Zerfall der UdSSR wurden alle Atomwaffen an Russland zurückgegeben. Dementsprechend wurde die Ukraine 1994 ein Nichtkernwaffenstaat und übergab 2001 das letzte Material an Russland.

## Herkunftsland

 **USA**

 **Russland**

 **Vereinigtes Königreich**

 **Frankreich**

# Atomkraftwerke in der Ukraine

600 Stunden dauerte die Schicht der Angestellten im Kernkraftwerk Tschornobyl, nachdem die russischen Truppen in die Ukraine einmarschiert waren. Fast einen Monat lang mussten die Spezialist:innen die Anlage sichern, bis sie abgelöst werden durften.

Die Strahlenwerte rund um das alte Kraftwerksgelände waren in den Kriegstagen deutlich erhöht. Das russische Militär soll ohne besondere Ausrüstung in der Gegend um Tschornobyl herumgefahren sein. Es ist zu befürchten, dass Panzer dabei radioaktiven Staub aufgewirbelt haben. Ukrainische Mitarbeitende der Anlage erzählten, dass die russischen Soldat:innen zum Teil keine Ahnung von dem Reaktorunglück im Jahr 1986 hatten, als man sie darauf ansprach.

Kernkraft ist in der Ukraine extrem wichtig. Über die Hälfte des Stroms wird damit erzeugt. Das Land liegt auf Platz sieben der weltweiten Atomstromproduzenten. Insgesamt laufen an vier Standorten 15 Reaktoren.

## Status der Reaktoren

 in Betrieb  im Bau

 stillgelegt  zerstört

Stand: 3.3.2022

Tschornobyl

Südukraine

Saporischschja

# Finde auf dem Chreschtschatyk-Boulevard am Majdan

einen Teddy, drei Hunde, eine Schildkröte, einen Schmetterling, einen Selenskyj, zwei Katzen und sieben Vögel

179.100

412.700

849.600

320.900

901.400

295.300

192.100

533.300

323.200

314.100

# Wer hat die meisten Entwickler:innen?

## 2019, Top 10 in Europa

In der Ukraine gibt es mehr PHP-Entwickler:innen als in den USA oder Deutschland. Der Markt für IT-Fachkräfte ist einer der fortschrittlichsten der Region, weshalb die Zahl der Entwickler:innen in den letzten Jahren kontinuierlich zugenommen hat. Wenn europäische Firmen ein Projekt ausschreiben, sind ukrainische IT-Häuser oft die Auftragnehmer. Was verdient eine IT-Fachkraft in der Ukraine? Verglichen mit anderen Berufen ziemlich viel: 43.600 US-Dollar im Schnitt. Das ist weniger als im weltweiten Vergleich, aber immerhin mehr als in Italien, Polen oder Rumänien.

# Präsidenten der Ukraine

Mit dem Zerfall der Sowjetunion erklärte sich die Ukraine 1991 für unabhängig. Erster Präsident des neuen Staates wurde Leonid Krawtschuk, der zuvor schon Oberhaupt der Ukrainischen Sowjetrepublik gewesen war. Er galt als prowestlich und setzte sich besonders für nationale Interessen ein. Unterstützt von ukrainischen Oligarchen, wurde 1994 Leonid Kutschma sein Nachfolger. Kutschma leitete marktwirtschaftliche Reformen ein, verbesserte die Beziehungen zu Russland und strebte eine ausbalancierte Position zwischen Russland und der EU an.

Im Laufe seiner zweiten Amtszeit wurde sein Regierungsstil zunehmend autoritärer, was für Unmut in der Bevölkerung sorgte. Als seinen Nachfolger – denn nach zwei Amtszeiten ist in der Ukraine Schluss – befürwortete er Wiktor Janukowytsch, der ebenso von Russland unterstützt wurde. Dessen Gegenkandidat, Wiktor Juschtschenko, hingegen galt als prowestlich und stand für Demokratisierung. Als er 2004 Opfer eines Giftanschlags wurde und Janukowytsch die offensichtlich manipulierte Wahl gewann, protestierten Tausende auf dem Kyjiwer Unabhängigkeitsplatz, dem Majdan. Die Demonstrationen gingen als »Orange Revolution« in die Geschichte ein. Bei der erzwungenen Wiederholung der Wahl siegte schließlich Juschtschenko und wurde 2005 vereidigt.

Machtkämpfe zwischen dem neuen Präsidenten und der Ministerpräsidentin Julija Tymoschenko sorgten jedoch dafür, dass die Ukrainer:innen Juschtschenko nicht für eine zweite Amtszeit bestätigten. Stattdessen wählten sie 2010 seinen alten Widersacher Janukowytsch. Dieser baute seine Macht schnell aus, schränkte demokratische Rechte ein, verfolgte seine politischen Gegner und bereicherte sich auf Kosten des Landes. Obwohl sich das Verhältnis zu Russland wieder verbesserte, trieb er die Annäherung an die EU voran. Kurz vor Abschluss eines Assoziierungsabkommens mit der EU 2013 machte er auf Druck Russlands jedoch einen Rückzieher. Und die Bevölkerung ging erneut auf die Straße. Als Folge der sogenannten Euromajdan-Proteste floh Janukowytsch aus dem Land.

Nach einer Übergangsregierung wurde 2014 schließlich Petro Poroschenko zum neuen Staatsoberhaupt gewählt. Während Russland auf die Krym und in die Ostukraine einmarschiert war, unterschrieb Poroschenko das Abkommen mit der EU. 2017 erlangte die Ukraine sogar die Visafreiheit für den Schengenraum. Trotz Erfolge wie diesen verlor er die Präsidentschaftswahl 2019 gegen den politischen Newcomer Wolodymyr Selenskyj deutlich.

## ... und ihre Amtszeiten

**5. Dezember**
**1991**

**19. Juli**
**1994**

**23. Januar**
**2005**

Leonid
Kutschma

Leonid
Krawtschuk

Wiktor
Juschtschenko

# ... und wo und wann sie geboren wurden

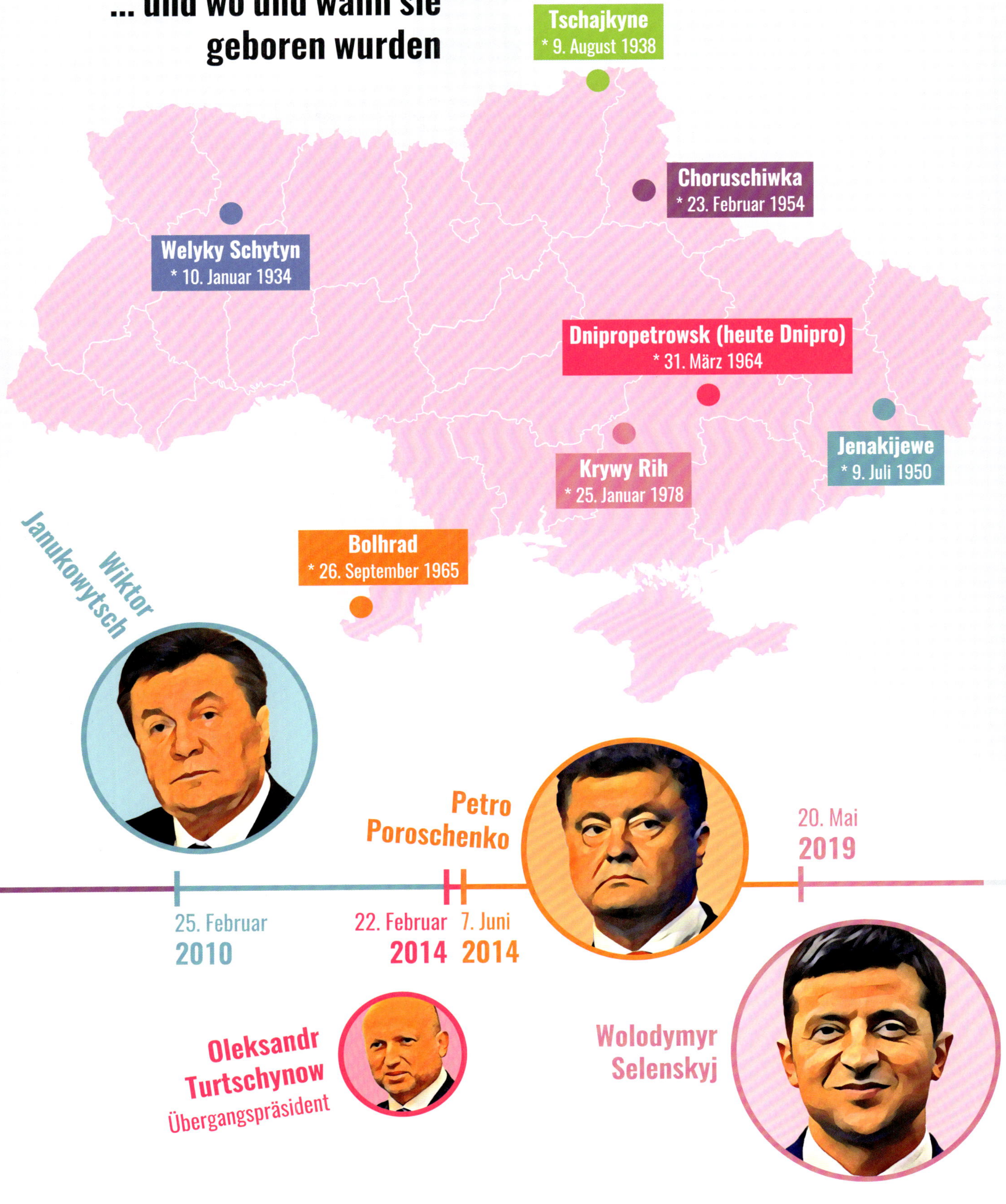

**Tschajkyne**
* 9. August 1938

**Choruschiwka**
* 23. Februar 1954

**Welyky Schytyn**
* 10. Januar 1934

**Dnipropetrowsk (heute Dnipro)**
* 31. März 1964

**Jenakijewe**
* 9. Juli 1950

**Krywy Rih**
* 25. Januar 1978

**Bolhrad**
* 26. September 1965

## Wiktor Janukowytsch

### Petro Poroschenko

20. Mai
**2019**

25. Februar
**2010**

22. Februar
**2014**

7. Juni
**2014**

### Oleksandr Turtschynow
Übergangspräsident

### Wolodymyr Selenskyj

# Länder mit einem höheren und niedrigeren Punkteschnitt beim Eurovision Song Contest als die Ukraine

(1956-2021)

Die Ukraine ist zwar erst seit 2003 dabei, hat den Wettbewerb aber schon zweimal gewonnen und landet auch sonst regelmäßig auf den vorderen Plätzen. Was sonst noch auffällt? Wenn Frauen auftraten, schnitt das Land bisher immer besser ab als mit männlichen Vertretern.

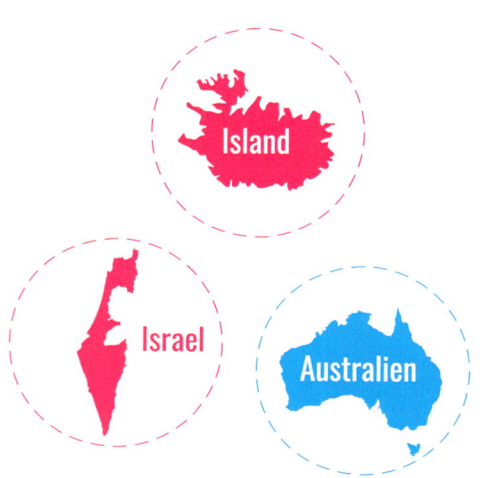

Island

Israel

Australien

# Ukrainisches Straßennetz

(größere Straßen)

# Nach nur einem Monat Krieg lag die **Ukraine** auf Rang 6 der weltweiten Fluchtbewegungen

grenzüberschreitend Geflüchtete, seit 1960

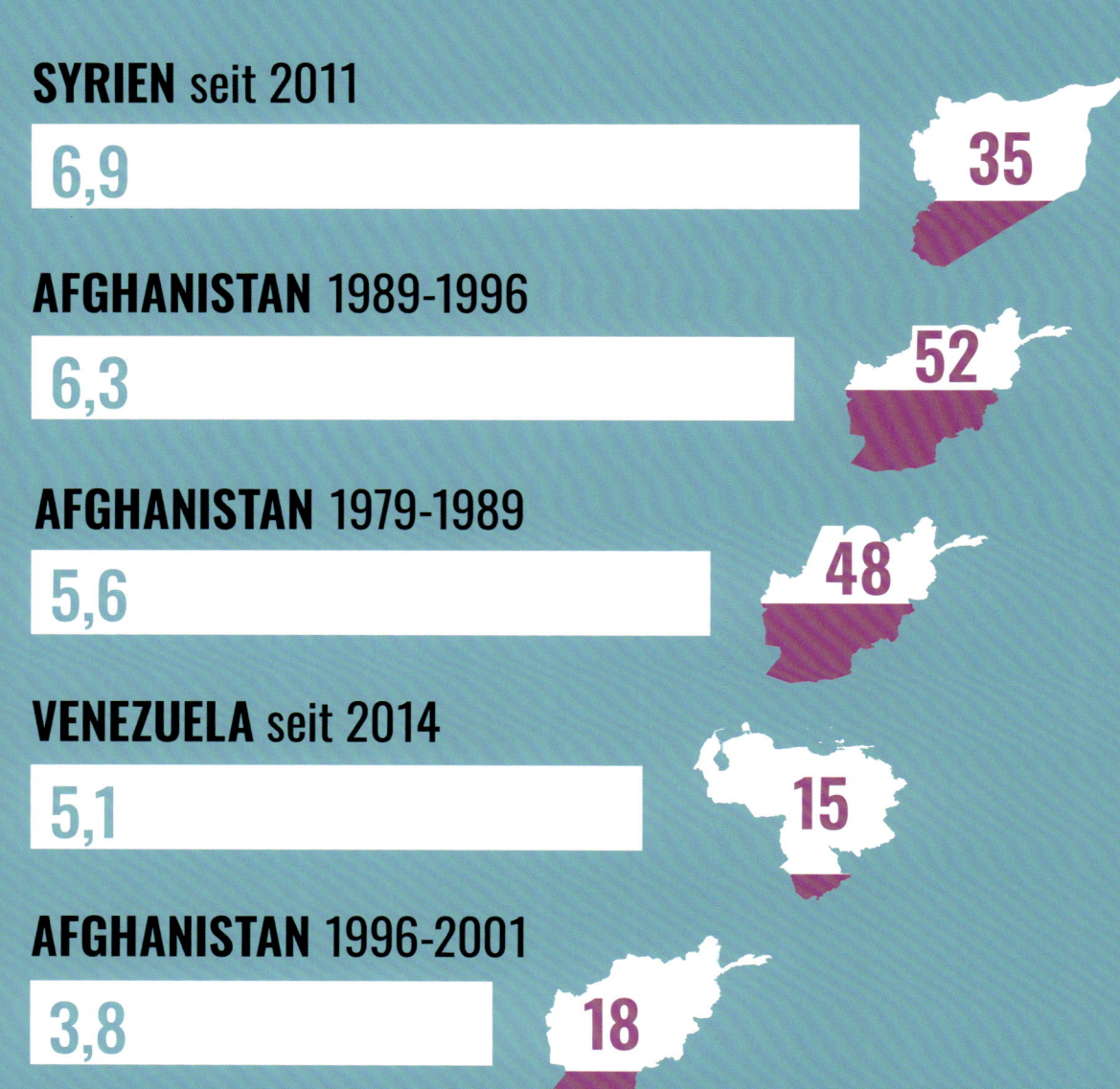

**SYRIEN** seit 2011

6,9    35

**AFGHANISTAN** 1989-1996

6,3    52

**AFGHANISTAN** 1979-1989

5,6    48

**VENEZUELA** seit 2014

5,1    15

**AFGHANISTAN** 1996-2001

3,8    18

## UKRAINE (24.2. bis 25.3.)

| 3,7 | | 9 |

## AFGHANISTAN 2002-2021

| 3,1 | | 11 |

## ÄTHIOPIEN 1974-1991

| 2,6 | | 7 |

## SÜDSUDAN 2013-2020

| 2,4 | | 20 |

## IRAK 2003-2012

| 2,3 | | 8 |

**Anzahl Geflüchteter** in Millionen

**Anteil an der Gesamtbevölkerung** in Prozent

Über 30 Millionen Geflüchtete leben weltweit im Ausland. Hinzu kommen 50 Millionen Menschen, die innerhalb ihres Heimatlandes fliehen mussten. Letztere machen auch im Fall der Ukraine die Mehrheit der Geflüchteten aus. Insgesamt befinden sich aktuell rund elf Millionen Ukrainer und Ukrainerinnen auf der Flucht. Außerhalb der Ukraine hat Polen die meisten Geflüchteten aufgenommen.

# Länder, in denen am Iwan-Kupala-Tag Partnerinnen gefangen werden

Brautschau in der Ukraine! Beim Sommerfest. das meist am 7. Juli stattfindet, suchen sich die jungen Leute ihre Zukünftigen aus. Dafür gibt es einen besonderen Brauch: Die Männer stellen sich in einer Reihe auf, die Frauen berühren die Schulter ihres potenziellen Geliebten – und rennen dann erst mal weg. Wer die Braut jetzt fängt und mit ihr gemeinsam übers Feuer springt, hat wahrscheinlich Glück gehabt. Den Brauch gibt es in ähnlicher Form beispielsweise auch in Tschechien und Polen. Dort heißt er aber anders und wird auch an anderen Tagen gefeiert. In Deutschland heißt das Fest Sommersonnenwende, ist aber nicht ganz so spannend.

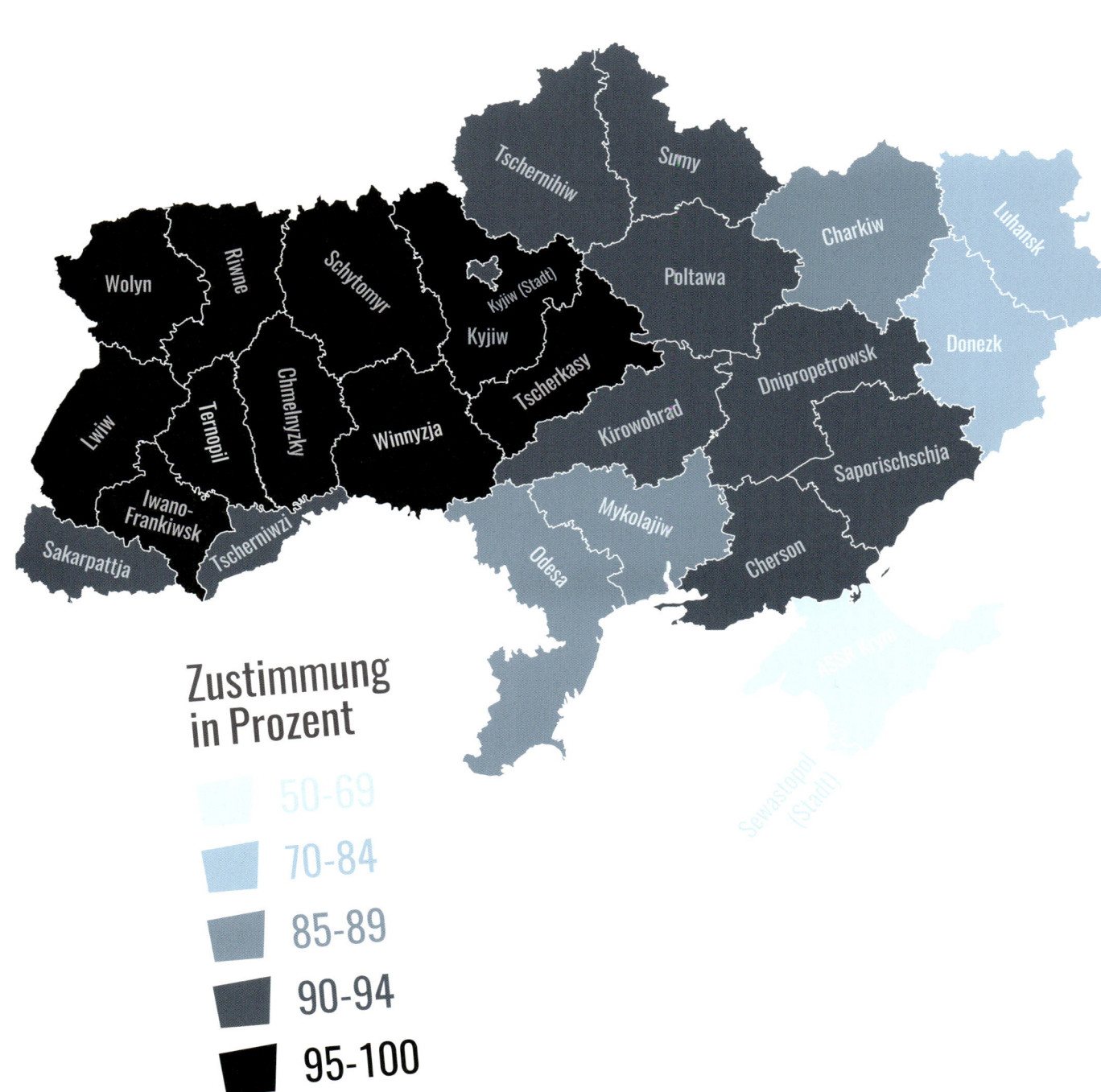

Zustimmung
in Prozent

50-69

70-84

85-89

90-94

95-100

# Ergebnisse des Referendums über die Unabhängigkeit der Ukraine im Jahr 1991

Seit Gründung der Sowjetunion im Jahr 1922 war die Ukraine ein Teil von ihr. Als die Sowjetherrschaft zerfiel, stimmten die Ukrainer:innen im Dezember 1991 darüber ab, ob sie unabhängig werden wollten. Das Ergebnis war deutlich: 92,3 Prozent stimmten für die Unabhängigkeit. Die Wahlbeteiligung lag bei 84 Prozent. Auch auf der Krym entschieden sich die Menschen für die Zugehörigkeit zur Ukraine, und das, obwohl dort die große Mehrheit Russisch spricht.

# Der Euromajdan im Vergleich

## mit besonders großen Protestereignissen

**Majdan**

Anfang 2014 eskalieren die proeuropäischen Proteste der ukrainischen Bevölkerung. Auf dem zentralen Majdan-Platz in Kyjiw kommen phasenweise bis zu 800.000 Menschen zusammen. Die Proteste gehören zu den größten in der jüngeren europäischen Vergangenheit. Im Februar setzt die Polizei dann scharfe Munition ein. Insgesamt werden rund 100 Menschen getötet und weitere 1.000 verletzt. Wenig später annektiert Russland die Krym. Darüber hinaus destabilisiert Moskau die Ukraine, indem es prorussische Separatisten in der Ostukraine unterstützt.

Aber warum kommt es überhaupt zu den Majdan-Protesten? Weil die ukrainische Regierung Ende 2013 überraschend erklärt, sich der EU entgegen vorheriger Absprachen doch nicht annähern zu wollen. Der Grund für diese Kehrtwende ist politischer und wirtschaftlicher Druck vonseiten des Kremls. Die Demonstrierenden fordern trotzdem, den proeuropäischen Kurs beizubehalten. Letztlich muss der amtierende Präsident Wiktor Janukowytsch abtreten. Die russische Destabilisierungskampagne wird bis zum Beginn des Angriffskrieges gegen die Ukraine nicht mehr abreißen.

**800 Tsd.**

**Kyjiw**
*2014*

Euromajdan: Proteste für die Unterzeichnung eines EU-Assoziierungsabkommens

**500 Tsd.**

**Bonn**
*1983*

Friedensdemos gegen Nato-Doppelbeschluss

**500 Tsd.**

**Ostberlin**
*1989*

**500 Tsd.**

**Leipzig**
*1989*

Demos für Freiheit und Demokratisierung in der DDR

**300 Tsd.**

**Wien**
*1993*

Lichtermeer gegen Ausländerfeindlichkeit

**500 Tsd.**

**Berlin**
*2003*

Friedensdemo gegen Irakkrieg

**29-120 Tsd.**

**Moskau**
*2011*

Protest gegen mutmaßliche Wahlfälschung bei Parlamentswahlen

**Krawatte – краватка**
(krawatka)

**Komma – кома**
(koma)

**Farbe – фарба**
(farba)

**Papier – папір**
(papir)

**Perücke – перука**
(peruka)

**... und deutsche Wörter, die auf Ukrainisch Schimpfwörter sind**

Loch – лох (doof)

Herr – хер (Schwanz)

nachher – нахер (Scheiße)

# Wörter, die im Ukrainischen und Deutschen gleich klingen

Zucker – цукор
(zukor)

Dach – дах
(dach)

Krise – криза
(krysa)

Waage – ваги
(wagy)

Popo – попа
(popa)

# Pressefreiheit

## in den ehemaligen Sowjetrepubliken, laut Reporter ohne Grenzen, 2021

In der Ukraine gibt es viele verschiedene Medien, aber die meisten gehören wenigen Politikern und Oligarchen. Diese benutzen sie häufig für ihre wirtschaftlichen oder politischen Zwecke. Immer wieder kommt es auch zu gewalttätigen Übergriffen auf Journalist:innen.

Im Vergleich zu anderen Ex-Sowjetrepubliken steht die Ukraine aber ganz gut da. Der Kreml beispielsweise inhaftiert Journalist:innen, die kritisch berichten, in Tadschikistan kontrolliert der Staat den Rundfunk beinahe lückenlos und in Turkmenistan werden Medienvertreter:innen sogar gefoltert. Das alles ist in der Ukraine nicht der Fall.

ESTLAND
LETTLAND
LITAUEN
BELARUS
UKRAINE
MOLDAU

RUSSLAND

KASACHSTAN

USBEKISTAN

TURKMENISTAN

GEORGIEN

ARMENIEN

ASERBAIDSCHAN

KIRGISISTAN

TADSCHIKISTAN

| | | | | |
|---|---|---|---|---|
| sehr ernste Lage | schwierige Lage | erkennbare Probleme | zufriedenstellende Lage | gute Lage |

9

Menschen mit IT-Kenntnissen zieht es eher nach Nordamerika

# Hierhin würden
# Ukrainer:innen
# zum Arbeiten gehen

Ungefähr drei Millionen Ukrainer:innen arbeiten im Ausland. Ausgebildete Autobauer oder Mechanikerinnen gehen nach Polen, IT-Spezialisten nach Großbritannien, Kanada oder in die USA. Viele Frauen arbeiten als Haushaltshilfe in Italien. In Deutschland kompensieren Osteuropäer:innen den Pflegenotstand – viele von ihnen kommen aus der Ukraine. Oft werden diese sogenannten Care-Migrant:innen nicht einmal fest angestellt und arbeiten für miese Bezahlung und unter schlechten Bedingungen. Nach Russland wandern seit 2014 übrigens deutlich weniger Menschen aus der Ukraine aus.

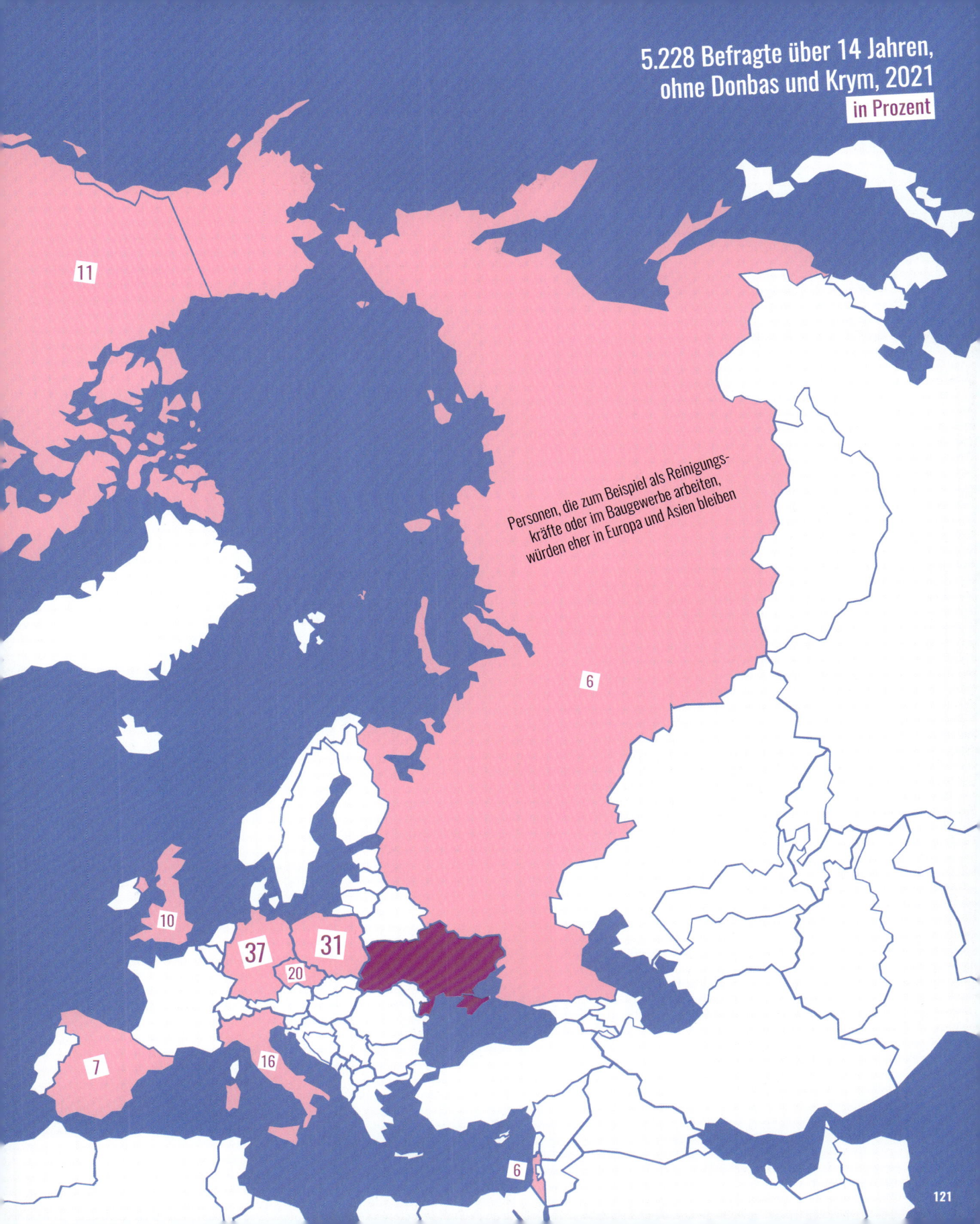

5.228 Befragte über 14 Jahren, ohne Donbas und Krym, 2021

**in Prozent**

11

Personen, die zum Beispiel als Reinigungs-
kräfte oder im Baugewerbe arbeiten,
würden eher in Europa und Asien bleiben

6

10

37    31

20

7

16

6

121

# Nur drei Wahrzeichen auf den ukrainischen Banknoten liegen nicht in Kyjiw

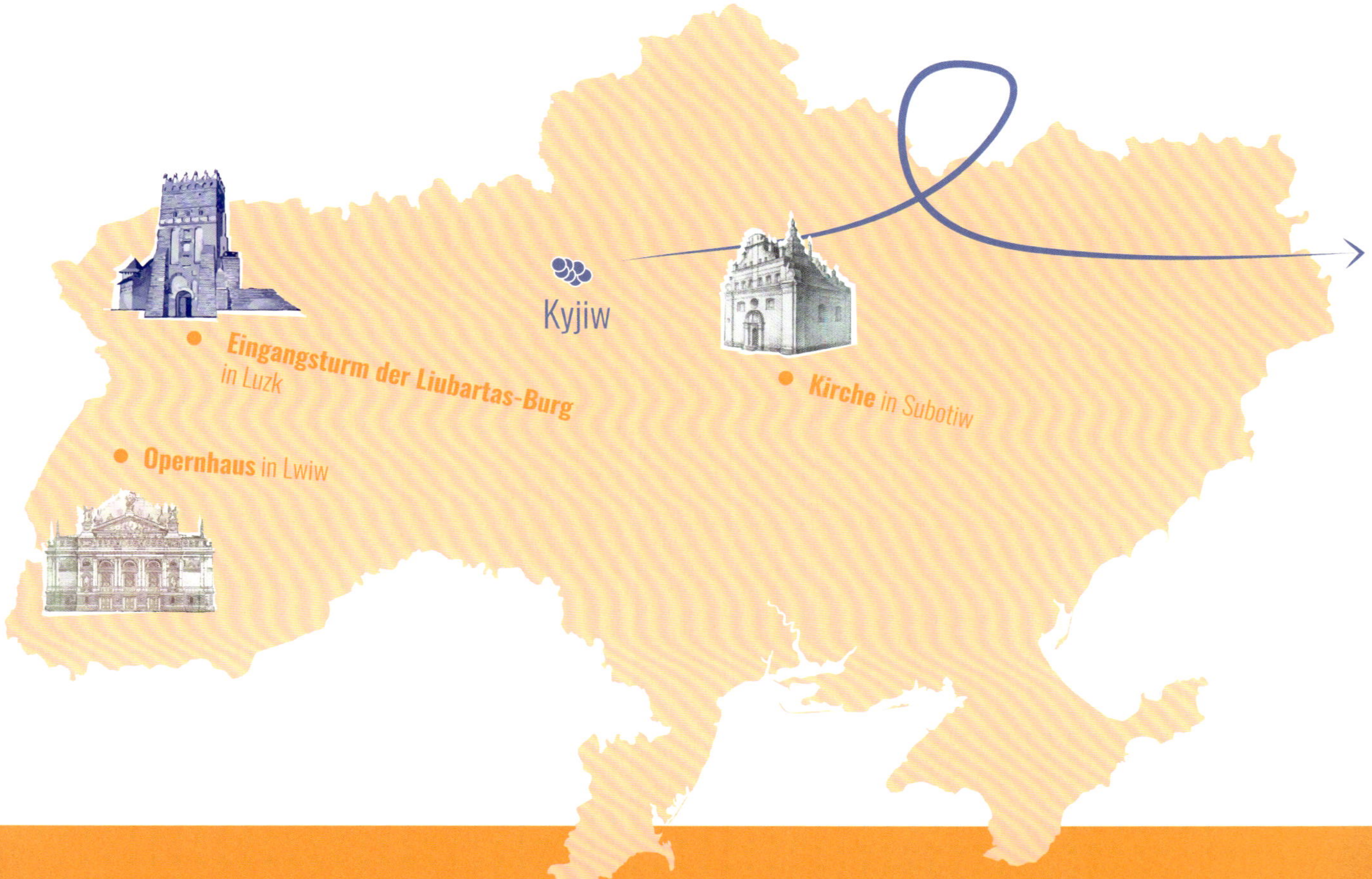

**Eingangsturm der Liubartas-Burg** in Luzk

Kyjiw

**Kirche** in Subotiw

**Opernhaus** in Lwiw

erst seit 2019 in Umlauf

erst seit 2019 in Umlauf

erst seit 2019 in Umlauf

Nationale Universität
Kiew-Mohyla-Akademie

mittelalterliche Burg
von Wladimir I.
heute nicht mehr erhalten

Sophienkathedrale

Nationale Ukrainische
Akademie der
Wissenschaften

„Haus der Lehrer"
pädagogisches Museum

Nationale Taras-Schewtschenko-
Universität Kyjiw

Mariä-Entschlafens-
Kathedrale

Die Währung der Ukraine wurde 1996 eingeführt. Die Banknoten heißen Hrywnja (гривня) und um eine zu bekommen, musste man in den letzten 20 Jahren zwischen zwei und fünf Rubel, die vorher gültige Währung, hergeben. Seit 2004 zeigen die Scheine auf der Rückseite ukrainische Sehenswürdigkeiten. Örtlich sind diese aber sehr ungleich verteilt. Sieben der zehn Monumente stehen in der Hauptstadt.

# Anbaufläche für Sonnenblumen in der **Ukraine** war 2021 etwa so groß wie **Litauen**

Wichtigstes Sonnenblumenanbauland? Die Ukraine! Deswegen werden auch Bauern im Krieg freigestellt und müssen erst mal nicht zum Militär. Sie sollen die Aussaat sichern. Was können Sonnenblumen überhaupt? Ihre Kerne sind wichtig für Speiseöl, Mehl, Farben, Tierfutter und Biodiesel. Besonders intensiv wird der Sonnenblumenanbau in der Zentral- und Ostukraine betrieben.

# Länder, in denen zwischen 1981 und 2015 im Nationalparlament Gewalt ausgebrochen ist, und **bevorzugte Kampfmethode**

Rangeln und Faustkampf

Faustkampf und Stühle werfen

Faustkampf

Spucken

Faustkampf

mit Gegenständen schlagen

Wie gewinnt man eine Parlamentsdebatte? Ein südkoreanischer Politiker beantwortete die Frage, indem er seinen politischen Gegner im Parlament mit einer sauber ausgeführten Judowurftechnik auf den Rücken schleuderte. Die ukrainischen Abgeordneten bevorzugen jedoch eindeutig den Faustkampf. Zu dem kam es bereits mehrfach, und zwar 2003, 2010, 2012, 2013 und 2014. Häufigster Streitgrund: das Verhältnis zu Russland. Mit Gewalt im Parlament kennt man sich auch in Deutschland aus. Am 10. März 1950 wurde

Faustkampf

Faustkampf

Trainengas

Faustkampf

Faustkampf

Anspringen
und Faustkampf

Faustkampf

Ohrfeige

Rangeln

Faustkampf

Judo

Rangeln

Rangeln

Schießerei

Faustkampf

Faustkampf

Mikrofonständer
werfen

Rangeln und
leichter Faustkampf

Papier
werfen

Rangeln

Rangeln

Rangeln und
Faustkampf

Faustkampf

Faustkampf

Faustkampf

Faustkampf und
Wasserflaschen werfen

der Bundestagsabgeordnete Wolfgang Hedler (vorher NSDAP, dann Deutsche Partei) unter anderem von Herbert Wehner und Rudolf-Ernst Heiland (beide SPD) erst durch eine Glastür geschubst und anschließend eine Treppe heruntergestoßen. Hedler war zuvor von der Bundestagssitzung ausgeschlossen worden, nachdem er gegen Widerstandskämpfer:innen gehetzt und die deutsche Schuld am Ausbruch des Zweiten Weltkriegs weitgehend bestritten hatte.

# Unfälle in Reaktoren und Atomkraftwerken

Weltweit haben sich bisher erst zwei katastrophale Reaktorunfälle der Stufe sieben ereignet. Das waren die Atomkatastrophen in Fukushima im März 2011 und in Tschornobyl im April 1986. Aber was heißt eigentlich Stufe sieben? Die Stufen eins bis drei beschreiben lediglich »Störfälle«, die hauptsächlich eine Kernkraftanlage und deren Mitarbeiter:innen betreffen. »Unfälle« beginnen bei Stufe vier. Hier sind größere Teile der Bevölkerung betroffen, weil radioaktive Substanzen in stark erhöhtem Maße freigesetzt werden. Jede Stufe bedeutet, dass das Ausmaß etwa zehnmal größer ist als auf der vorherigen Stufe.

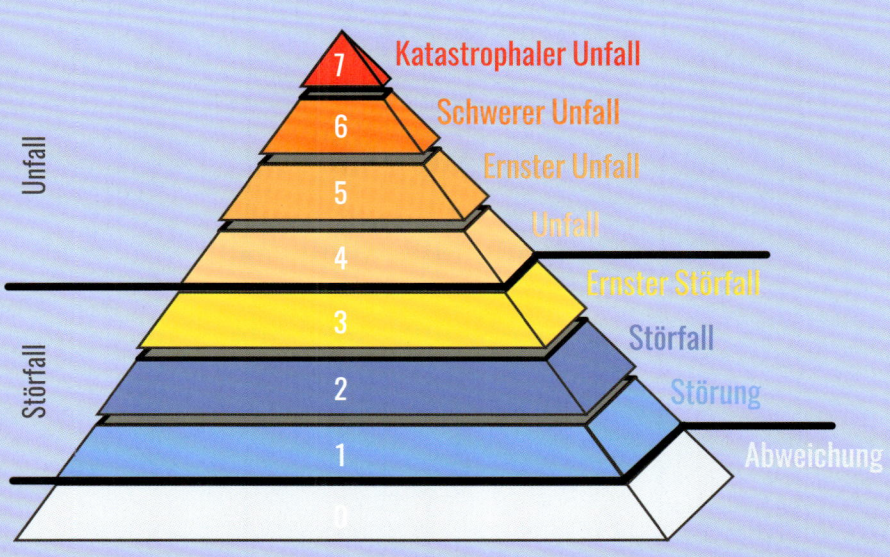

eingefärbt sind außerdem alle Länder, in denen sich auch Vorfälle mit geringerer Bedeutung (Stufen 0-2) ereigneten, heutige Grenzen

| | | |
|---|---|---|
| 7 | Katastrophaler Unfall | Unfall |
| 6 | Schwerer Unfall | |
| 5 | Ernster Unfall | |
| 4 | Unfall | |
| | Ernster Störfall | |
| 3 | Störfall | Störfall |
| 2 | Störung | |
| 1 | Abweichung | |
| 0 | | |

1. USA — 9.575

2. Argentinien — 6.047

3. Brasilien — 5.853

4. Ukraine — 4.885

5. Frankreich — 1.717

6. Rumänien — 1.226

7. Ungarn — 1.016

8. Serbien — 665

9. Südafrika — 566

10. Bulgarien — 503

11. Russland — 395

12. Indien — 389

13. Myanmar — 383

14. Paraguay — 322

15. Polen — 322

# Top 15 Maisexporteure

Handelsvolumen in Millionen US-Dollar, 2020

Die Situation in der Ukraine macht sich auch auf dem internationalen Getreidemarkt bemerkbar. Der Preis für Mais ist seit dem 24. Februar zwischenzeitlich um gut 17 Prozent gestiegen. Die EU hat ein Maisdefizit und ist auf Importe angewiesen. Sie produziert nur 72,5 Millionen Tonnen, verbraucht aber 81 Millionen Tonnen pro Jahr. Frankreich und Rumänien konnten den fehlenden Mais aus der Ukraine ganz gut kompensieren. Die Ernten waren gut, die Lieferungen sind jedoch schon lange vorher festgelegt.

Norwegen

Finnland

Vereinigtes Königreich

Niederlande

Lettland

Litauen

Belarus

Irland

Belgien

Deutschland

Kasachstan

Moldau

Portugal

Spanien

Italien

Türkei

Zypern

Libanon

Marokko

Tunesien*

Kuwait

Katar

Ägypten

Indien*

Seychellen

Madagaskar

*Daten von 2019

# Abhängigkeit von Mais aus der Ukraine

Anteil der Importe aus der Ukraine
an den gesamten Maisimporten
eines Landes, in Prozent, 2020

China

Südkorea

 bis 75

 bis 60

 bis 45

 bis 30

 bis 15

 unter 5 oder keine Daten

Wenn die Ukraine weniger Mais produziert, könnten andernorts Menschen hungern. Besonders Ägypten hätte unter einem Lieferengpass zu leiden. Das Land bezieht ein Viertel seiner Einfuhren aus der Ukraine. Allerdings wird Mais dort vor allem als Tierfutter verwendet. Also würden höhere Preise in Ägypten zu teurerem Fleisch führen. Im südlichen Afrika dagegen wird Mais eher als Grundnahrungsmittel genutzt. Dort wären die Auswirkungen weitaus verheerender und könnten dazu führen, dass Menschen sich keinen Maisbrei mehr leisten können.

# Twitter-Follower:innen

vor und nach dem russischen Einmarsch in die Ukraine, in Millionen

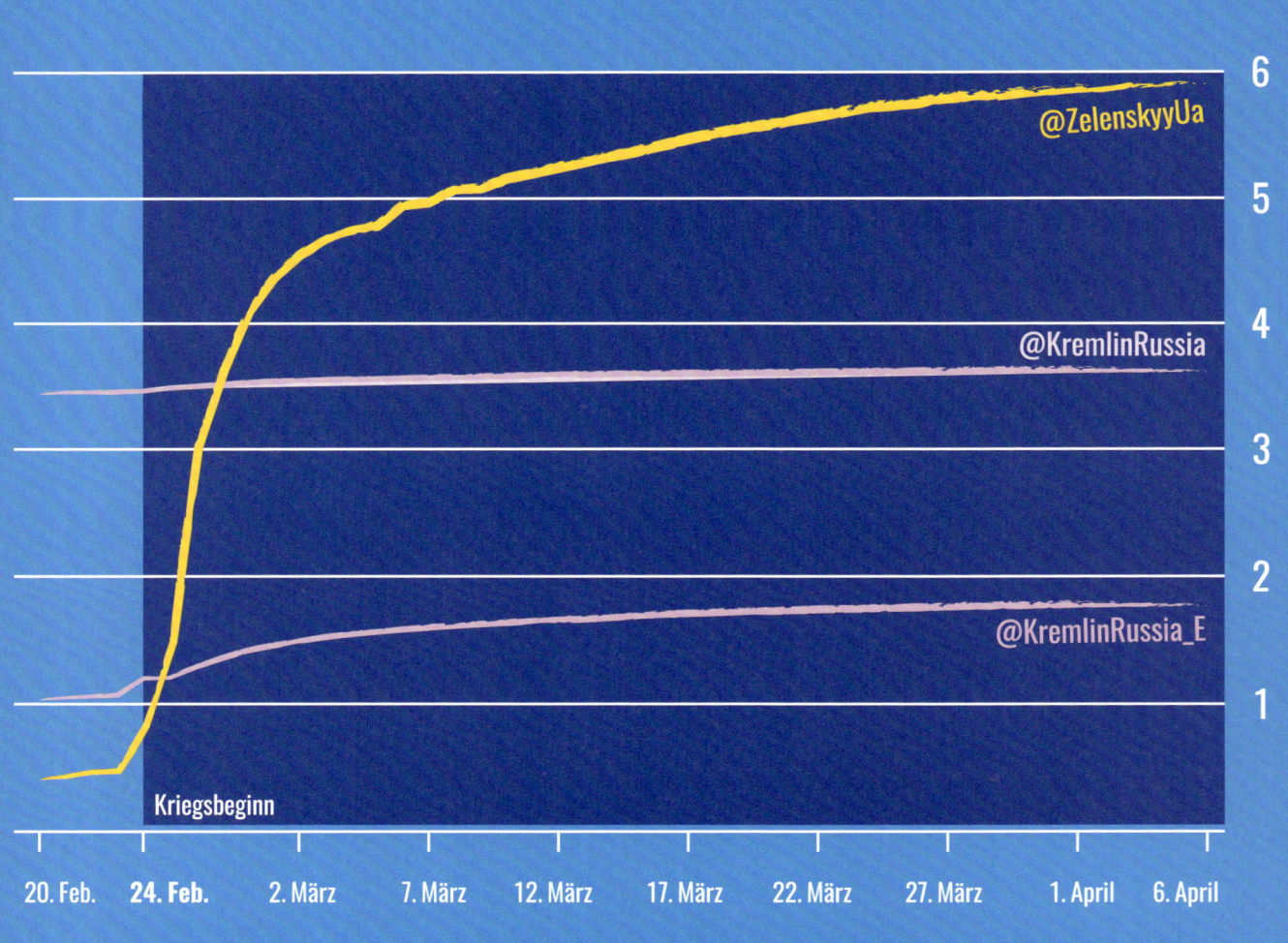

@ZelenskyyUa

@KremlinRussia

@KremlinRussia_E

Kriegsbeginn

6
5
4
3
2
1

20. Feb.   24. Feb.   2. März   7. März   12. März   17. März   22. März   27. März   1. April   6. April

## Wolodymyr Selenskyj

Володимир Зеленський ✔

## Wladimir Putin

President of Russia ✔

**vs.**

**5,9 Mio.**

**1,8 Mio.**

Stand: 6.4.2022

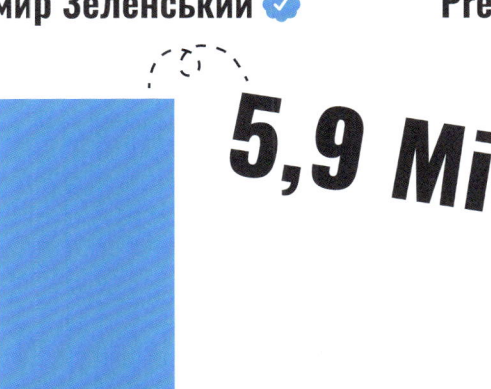

# Länder, die den Holodomor offiziell als Völkermord einstufen ...

Anfang der 1930er-Jahre verhungerten schätzungsweise sechs bis sieben Millionen Ukrainer:innen. Verantwortlich dafür war die Sowjetunion unter der Führung Josef Stalins. Der Diktator hatte zu jener Zeit Angst vor ukrainischen Unabhängigkeitsbestrebungen. Diese waren seiner Meinung nach auch der Grund für zu geringe Getreideabgaben seitens der ukrainischen Landwirte. Seine Reaktion? Noch höhere Lebensmittelabgaben, Verhaftungen und Erschießungen, kurz: ein Völkermord. Dieser wird heute Holodomor genannt und bedeutet übersetzt »Tötung durch Hunger«.
13 Prozent der ukrainischen Bevölkerung wurden im Holodomor getötet. Sprechen durfte darüber 50 Jahre lang niemand. Die Sowjetunion wollte den Völkermord durch allgemeines Verschweigen aus dem kollektiven Gedächtnis verbannen. Auch deswegen ist der Holodomor heute eine der größten humanitären Katastrophen des 20. Jahrhunderts – von der viele nicht einmal gehört haben.

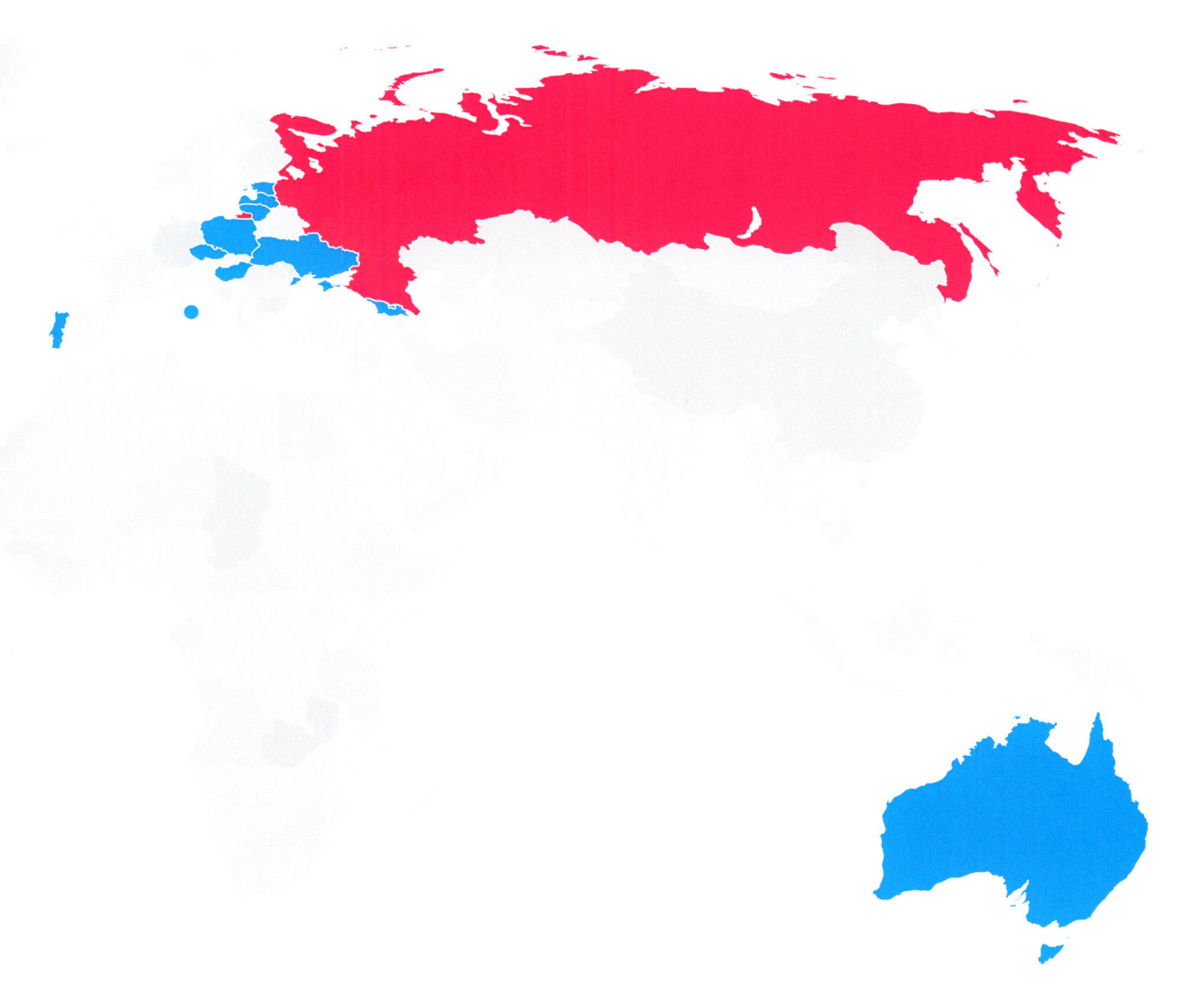

## ... und Länder, die das entschieden ablehnen

Stand 28.4.2022

# Krieg in der Ukraine lange wenig beachtet

Nach der russischen Invasion wunderten sich in Deutschland viele Menschen darüber, dass im Europa des 21. Jahrhunderts wieder ein Krieg ausbrechen konnte. Dabei befand sich die Ukraine bereits seit 2014 im Kriegszustand mit Russland. Nur wollte hierzulande niemand etwas davon wissen. Woran man das sieht? Unter anderem an Suchanfragen bei Google. Die zeigen, wofür sich Leute gerade interessieren. Die Analyse unterschiedlicher länderbezogener Suchbegriffe verdeutlicht, dass Ereignisse etwa in den USA kontinuierlich mehr Suchaufkommen erzeugten als die Situation in der Ukraine.

**Februar/März 2014**

**Krym-Annexion durch Russland, der Krieg in der Ostukraine beginnt**

**November 2016**

**Trump gewinnt US-Präsidentschaftswahl**

2012    2014    2016

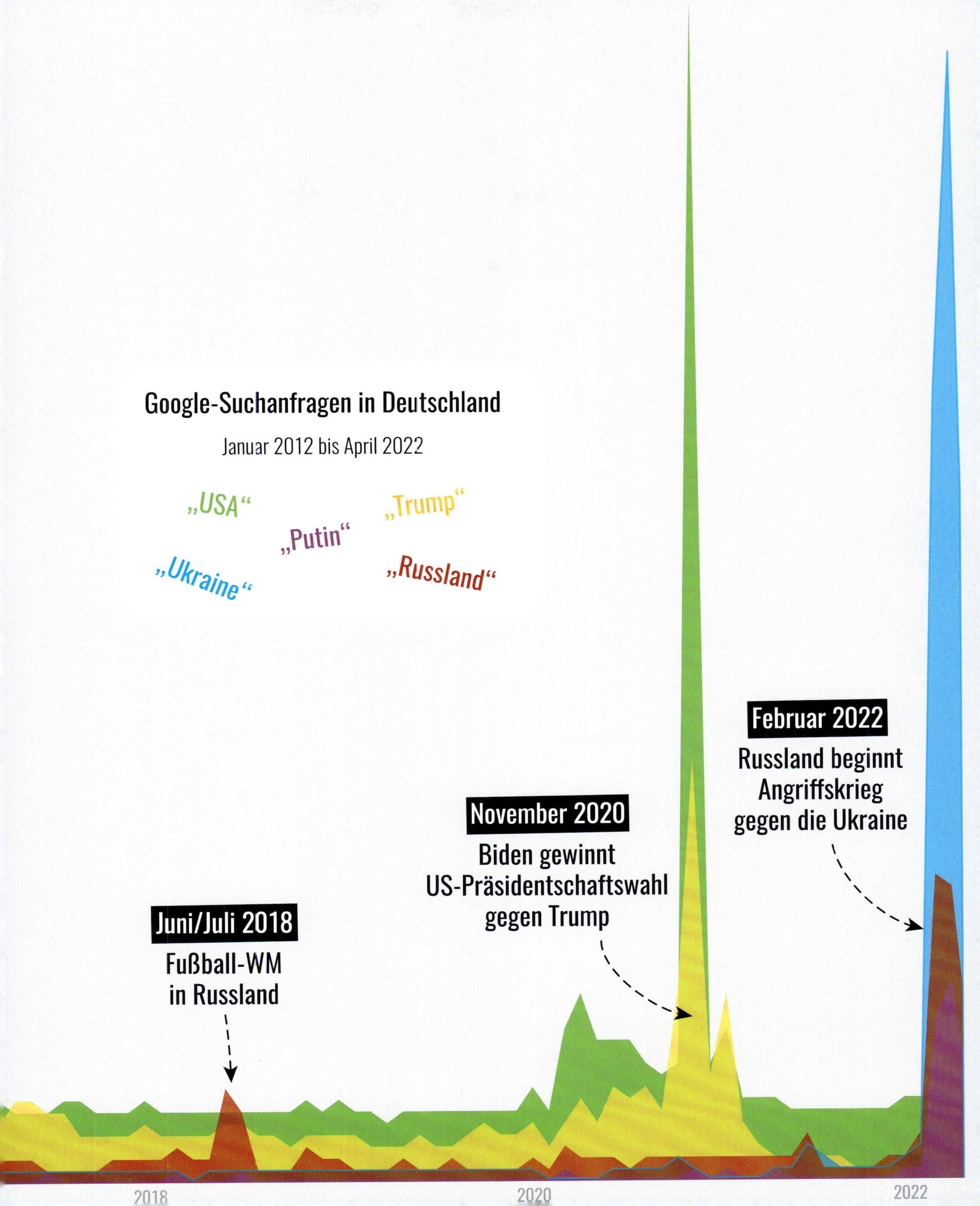

**Google-Suchanfragen in Deutschland**

Januar 2012 bis April 2022

„USA"

„Putin"

„Trump"

„Ukraine"

„Russland"

**Februar 2022**
Russland beginnt
Angriffskrieg
gegen die Ukraine

**November 2020**
Biden gewinnt
US-Präsidentschaftswahl
gegen Trump

**Juni/Juli 2018**
Fußball-WM
in Russland

2018

2020

2022

**Kyjiw**

**1.200 km**

**So nah ist die Ukraine**

# Regierung

unterstützt durch

# Parteien

- Diener des Volkes
- Plattform für das Leben und den Frieden
- Vaterland
- Europäische Solidarität

- Für die Zukunft
- Vertrauen
- Stimme
- unabhängige Einzelabgeordnete

- unbesetzte Sitze

# Das ukrainische Parlament, die Werchowna Rada

Anders als in Deutschland hat das ukrainische Parlament immer gleich viele Sitze – nämlich 450. Große Besonderheit: Seitdem die Ostgebiete um Luhansk und Donezk sowie die Krym besetzt wurden, bleiben die entsprechenden Sitze im Parlament frei. Aktuell sind das 28. Die freien Sitze haben eine symbolische Funktion. Sie verdeutlichen, dass die Ukraine sich schon lange im Krieg befindet und die Territorien nicht aufgibt.

# Staaten mit EU-Beitrittsgesuch

innerhalb einer Woche nach Beginn des russischen Einmarschs in die Ukraine

Nur wenige Tage nach Beginn des russischen Überfalls erklärten einige Staaten der ehemaligen Sowjetunion, nun in die EU aufgenommen werden zu wollen. Erst die Ukraine, dann Georgien und zuletzt Moldau. Das Problem: Die Aufnahmeverfahren dauern lange, die Länder müssen viele Voraussetzungen erfüllen. Eine realistische und vor allem schnelle Perspektive für eine EU-Mitgliedschaft besteht daher für die Ukraine wohl nicht. Die Bereitschaft der EU, Verhandlungen aufzunehmen, ist zunächst einmal vor allem ein symbolisches Zeichen.

Ukraine

Moldau

Georgien

bisherige Beitrittskandidaten

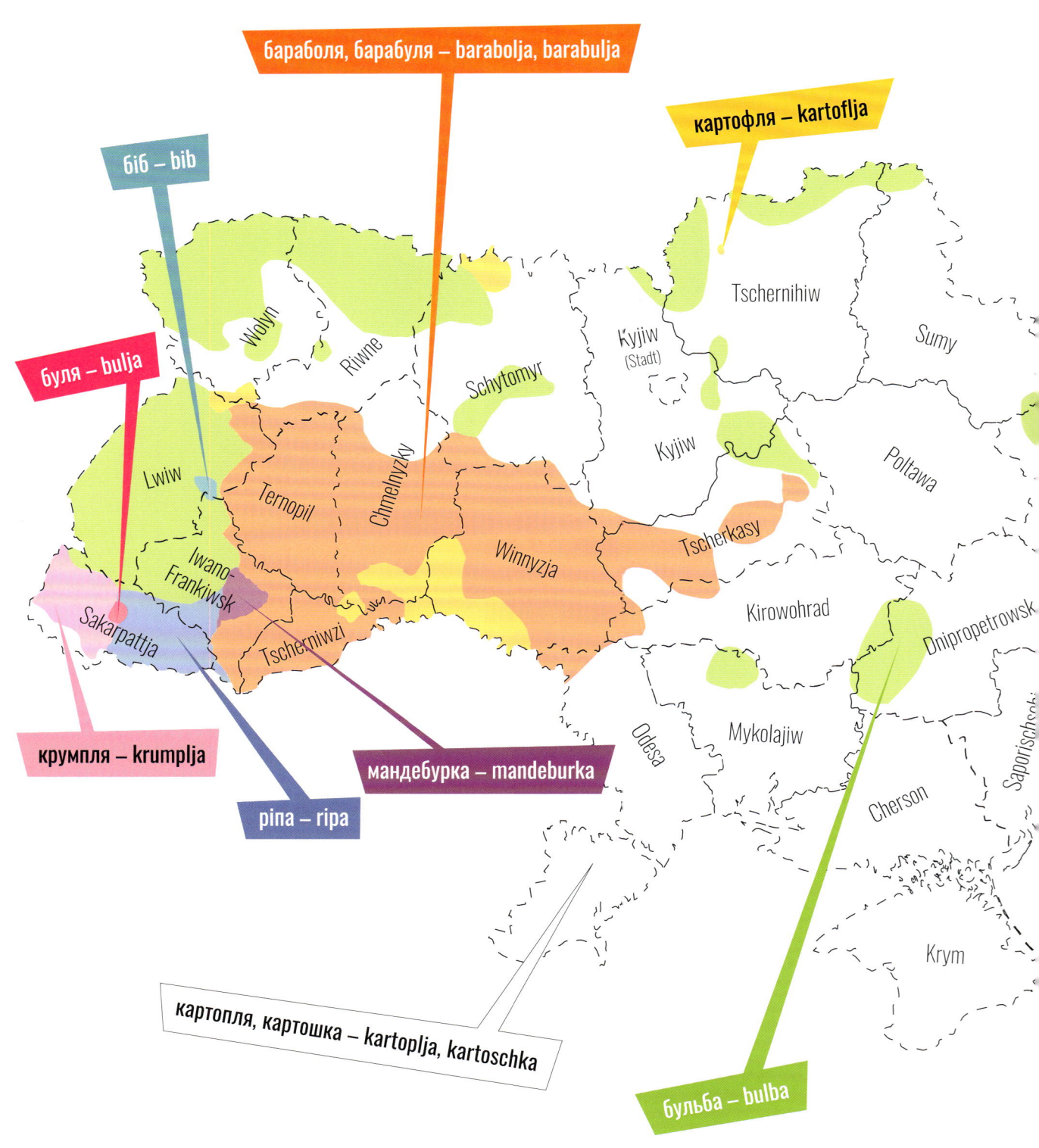

бараболя, барабуля – barabolja, barabulja

картофля – kartoflja

біб – bib

буля – bulja

крумпля – krumplja

ріпа – ripa

мандебурка – mandeburka

картопля, картошка – kartoplja, kartoschka

бульба – bulba

Wolyn

Riwne

Schytomyr

Tschernihiw

Kyjiw (Stadt)

Sumy

Kyjiw

Poltawa

Lwiw

Ternopil

Chmelnyzky

Winnyzja

Tscherkasy

Iwano-Frankiwsk

Sakarpattja

Tscherniwzi

Kirowohrad

Dnipropetrowsk

Odesa

Mykolajiw

Saporischschja

Cherson

Krym

# *Kartoffel*
# in ukrainischen Dialekten

Egal, wie es ausgesprochen wird: Warenyky ist das beste ukrainische Essen! Die Teigkartoffeltaschen sind das ukrainische Nationalgericht – und noch wichtiger: ein Symbol für Faulheit und Völlerei. Genial!

Charkiw

Luhansk

Donezk

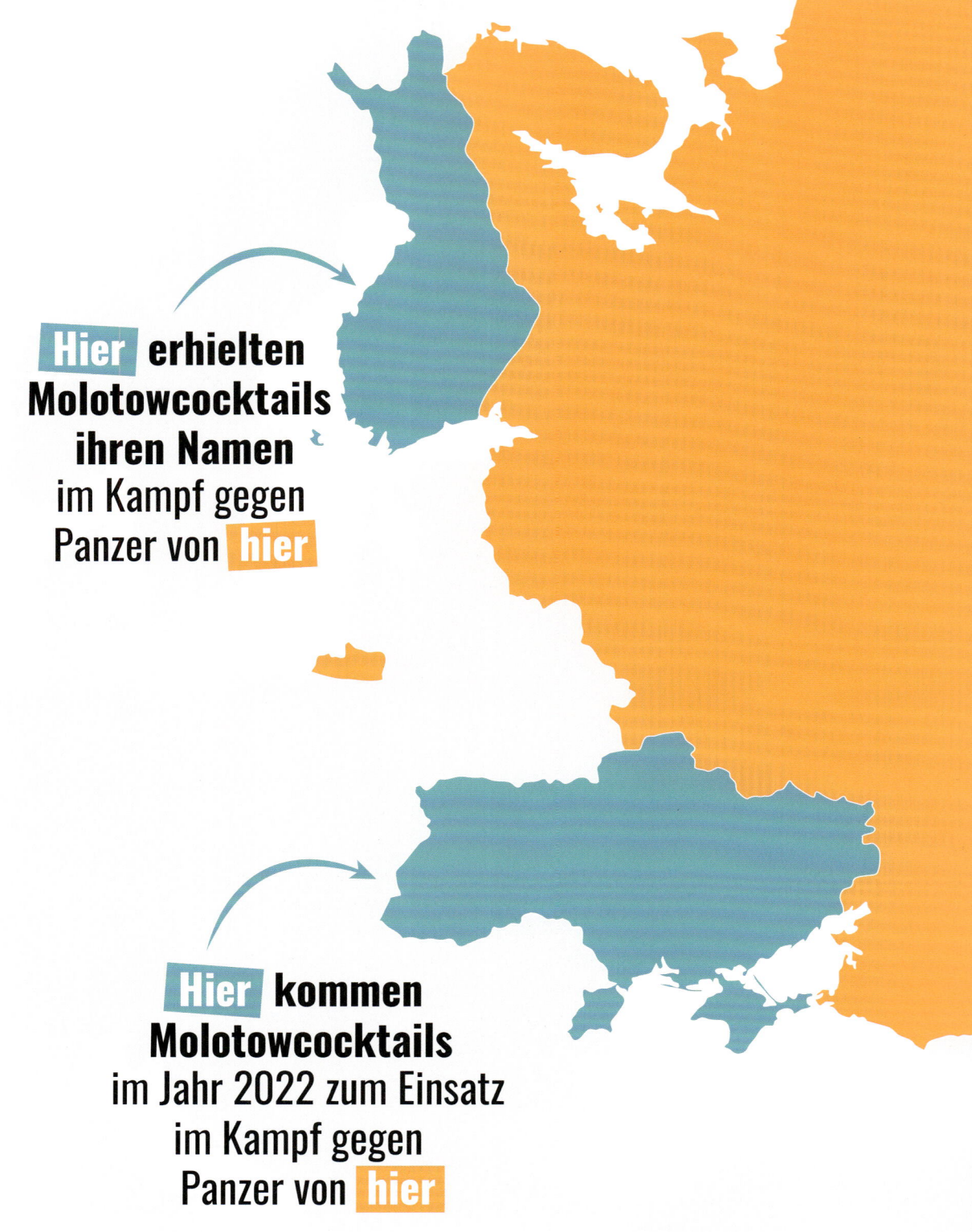

**Hier** erhielten
**Molotowcocktails
ihren Namen**
im Kampf gegen
Panzer von **hier**

**Hier** kommen
**Molotowcocktails**
im Jahr 2022 zum Einsatz
im Kampf gegen
Panzer von **hier**

# Empörung über sowjetische Kriegslügen führte zum Namen *Molotowcocktail*

Zu Beginn der Invasion gingen Videos viral, in denen Ukrainer:innen zur Verteidigung ihrer Städte Molotowcocktails bauten. Solche Brandsätze wurden bereits in zahlreichen Konflikten auf der Welt eingesetzt. Sie sind leicht herzustellen und relativ wirkungsvoll. Ihren Namen verdanken sie finnischen Soldaten im Winterkrieg 1939/1940. Sie kämpften gegen die stalinistische Sowjetunion. Die Finnen benannten die Bombe nach dem damaligen sowjetischen Außenminister Wjatscheslaw Molotow. Der hatte die sowjetische Invasion immer wieder heruntergespielt. Beispielsweise behauptete er, dass die russischen Bomber Brot für die Zivilbevölkerung bringen würden. Diese Lüge brachte die Finnen dazu, ihre selbstgebastelten Brandflaschen »Molotows Cocktails« zu nennen.

# Wo die russische Propaganda den
# Kampf gegen Homosexualität
## als Kriegsgrund sieht ...

 hier

In Russland gibt es seit 2013 ein Gesetz, das nichtheterosexuelle Menschen systematisch unterdrückt. Der russische Präsident Wladimir Putin will auf diese Weise andere sexuelle Identitäten als »kranke westliche Ideen« darstellen. Dabei hilft ihm sogar der wichtigste Vertreter der russisch-orthodoxen Kirche, Patriarch Kyrill I. Er begründete den Einmarsch in die Ukraine beispielsweise damit, die Menschen vor Gay-Pride-Paraden schützen zu wollen. Noch nicht blödsinnig genug? Im russischen Fernsehen wurden sogar Verbindungen zwischen Homosexuellen und Neonazis gezogen. Das sollte als Beweis für westliche Einflussnahme in der Ukraine dienen.

# ... und wo es trotz russischer Invasion von Natur aus immer Homosexualität geben wird

hier    hier ebenfalls    hier auch    **hier genauso**

aber dass das russische Kulturidol Tschaikowski schwul war, darf hier trotzdem niemand öffentlich sagen

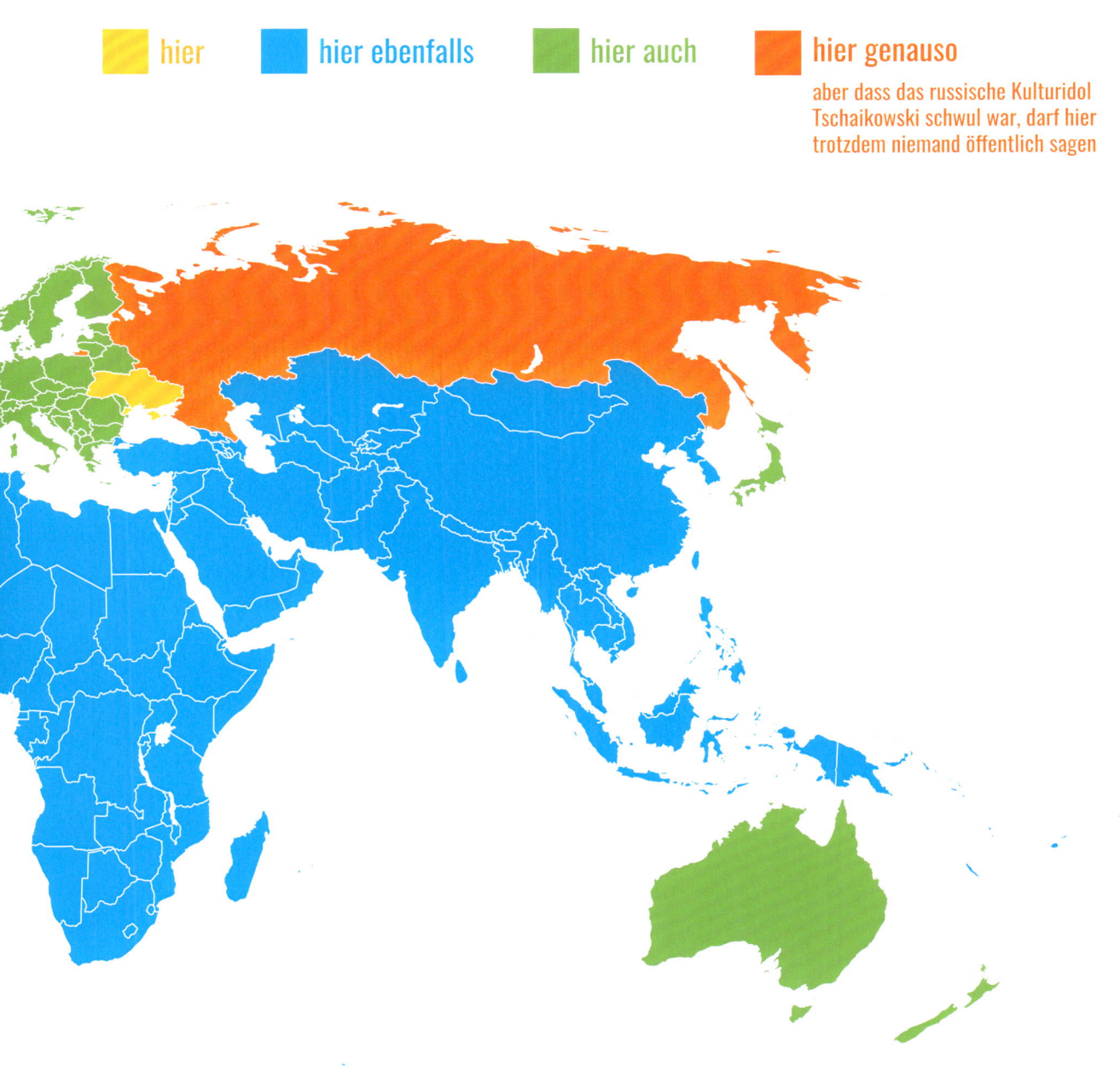

# Das größte Flugzeug der Welt kommt aus der Ukraine

Oder besser gesagt: Es *kam* aus der Ukraine. Am 27. Februar 2022 wurde es von russischen Raketen zerstört. Es befand sich auf seinem Heimatflughafen Kyjiw-Hostomel. Dabei war die Antonow An-225 einst ein sowjetisches Projekt. Gebaut und entwickelt in der Ukrainischen Sowjetrepublik, mit Tragflächen aus Usbekistan, sollte das riesige Flugzeug die russische Raumfähre »Buran« im Huckepackverfahren transportieren können. 1988 hob die »Mrija«, Ukranisch für »Traum«, zum ersten Mal ab. 2004 beförderte sie eine Fracht, die 247 Tonnen wog. Weltrekord! Nach Probeflügen und Flugschauen war die Mrija 1994 zunächst eingemottet und erst 2001 wieder in Betrieb genommen worden. Fortan wurde sie als Frachtflugzeug von der ukrainischen Fluggesellschaft »Antonov Airlines« betrieben. Auf ihrem letzten Charterflug transportierte sie etwa 90 Tonnen Coronatests vom chinesischen Tianjin nach Dänemark. Ein zweites Exemplar dieses Typs wurde nie fertiggestellt.

Flügelfläche **905 m²**

Flügelspannweite **88,4 m**

## Antonow An-225

| | |
|---|---|
| Frachtraumvolumen | **1.220 m³** |
| Leergewicht | **ca. 175 t** |
| max. Startgewicht | **ca. 600 t** |
| max. Zuladung | |
| intern | **250 t** |
| extern (Außenlast) | **90 t** |
| Höchstgeschwindigkeit | **850 km/h** |
| Dienstgipfelhöhe | **11.000 m** |
| Reichweite ohne Zuladung | **15.400 km** |
| mit 200 t Zuladung | **4.500 km** |
| mit max. Zuladung | **2.500 km** |
| Startweg mit max. Zuladung | **3.500 m** |

ursprünglicher Einsatzzweck **Transport von Raumfähren**

Höhe **18,2 m**

Länge **85,3 m**

# Gleichheit bei Einkommen und Vermögen

Gini-Index, Daten vom letzten verfügbaren Jahr (2016-2019)

Die sieben reichsten ukrainischen Oligarchen besitzen zusammen knapp 19 Milliarden US-Dollar. Dieses Vermögen reicht jedoch nicht aus, um den Gini-Wert des Landes maßgeblich zu erhöhen. Deshalb schneidet die Ukraine hier relativ gut ab. Sie hat einen der niedrigsten Werte in Europa und liegt dadurch mit am nächsten an der vollständigen Einkommensgleichheit der Bevölkerung. Näher jedenfalls als Russland und Deutschland. Dort leben übrigens 117 beziehungsweise 136 Dollar-Milliardär:innen.

max. Gleichheit: **0**

 0,24-0,269

 0,27-0,299

 0,30-0,329

 0,33-0,359

 0,36-0,389

 0,39-0419

keine Daten

max. Ungleichheit: **1**

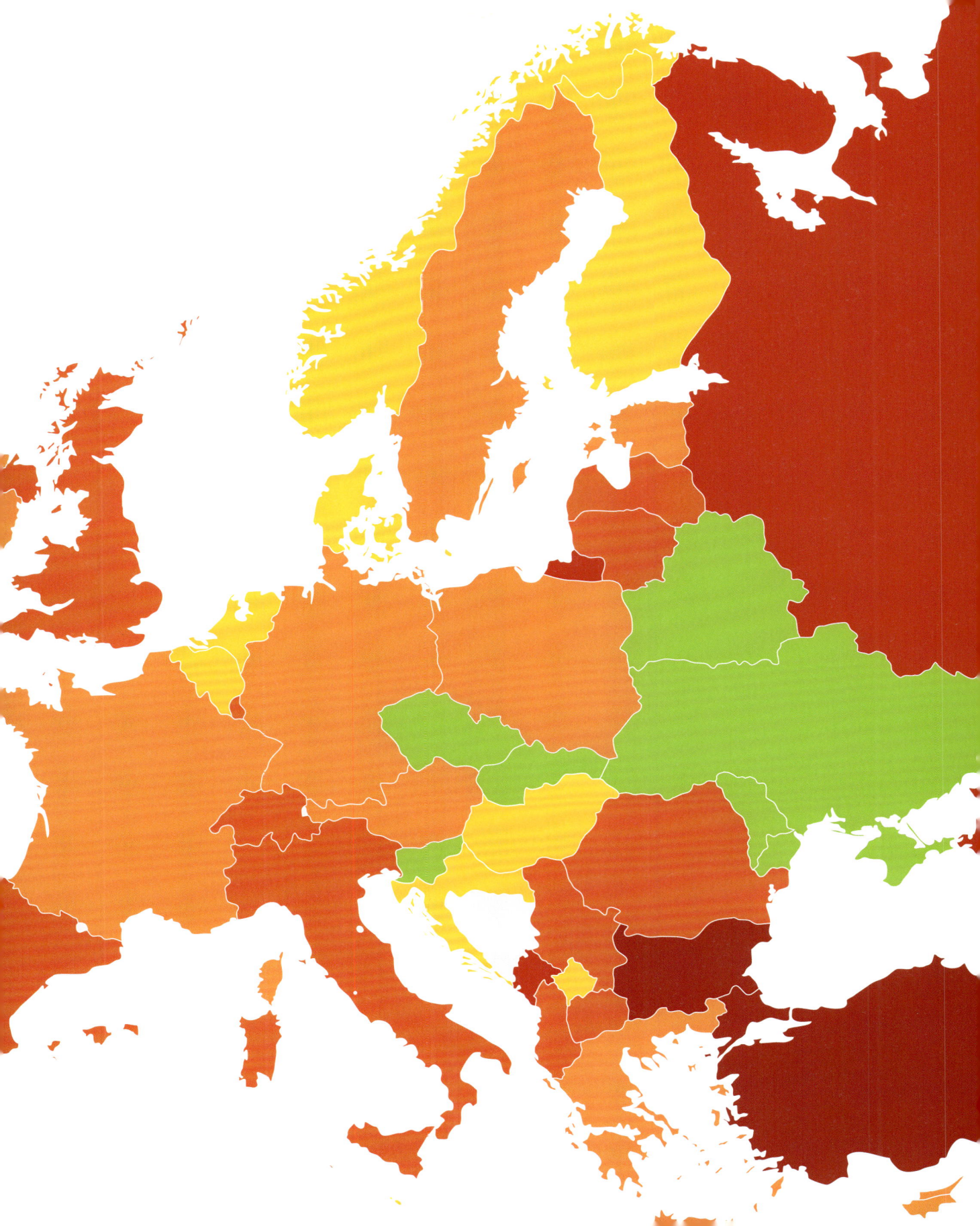

RUSSLAND

UKRAINE

Charkiw

Dnipro

Donezk

Odesa

**Wälder in
der Ukraine**

# Pipelines, die durch die Ukraine verlaufen

Über drei Pipelines kommt russisches Gas nach Deutschland: »Nord Stream« verläuft durch die Ostsee, »Jamal« durch Belarus und Polen und mithilfe der »Transgas« werden jährlich 40 Milliarden Kubikmeter russisches Gas durch die Ukraine über die Slowakei und Tschechien nach Deutschland gepumpt.

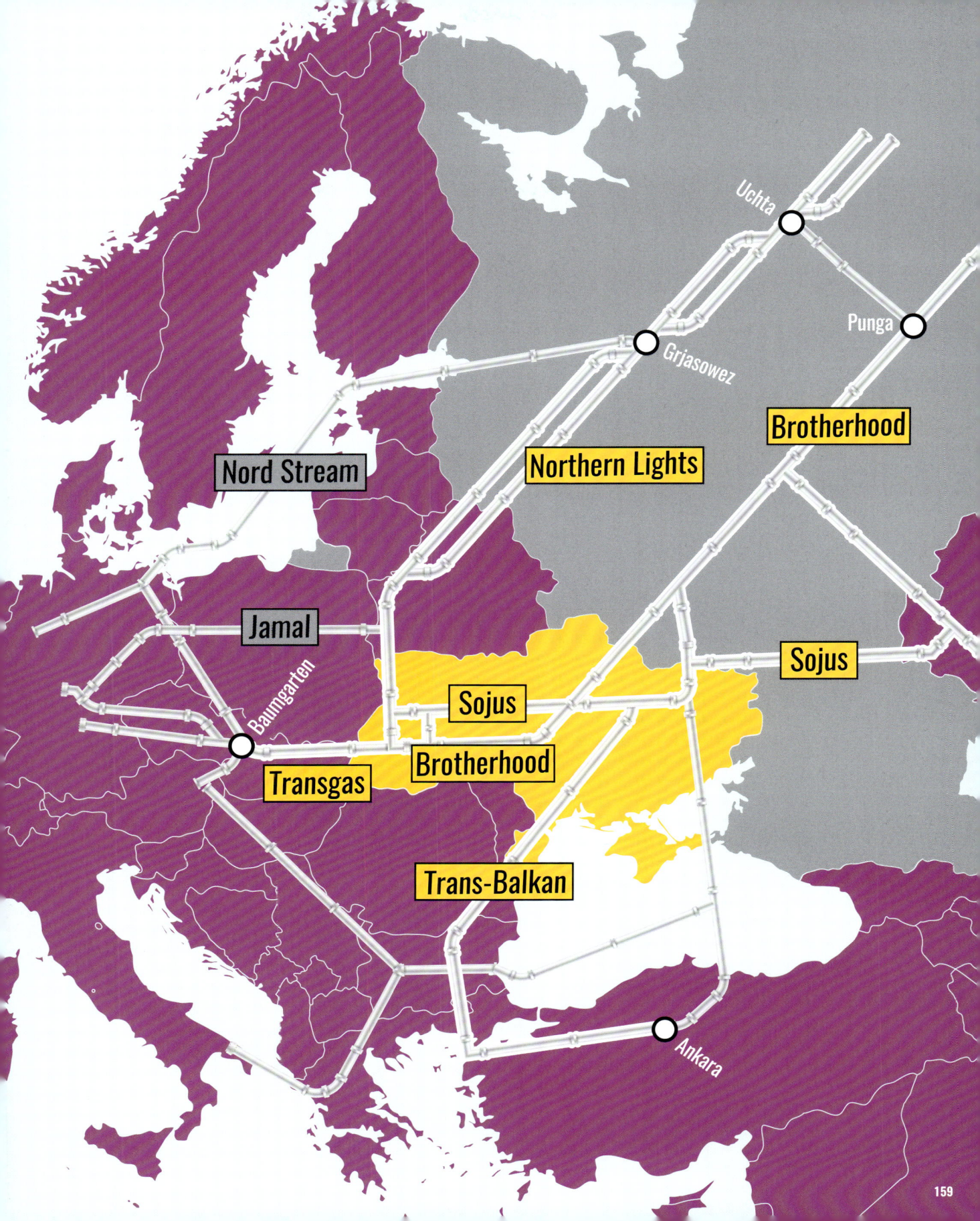

Uchta

Punga

**Brotherhood**

Grjasowez

**Northern Lights**

Nord Stream

**Jamal**

**Sojus**

Baumgarten

**Sojus**

**Brotherhood**

**Transgas**

**Trans-Balkan**

Ankara

159

# Holocaust in der Ukraine

Orte, an denen Jüdinnen und Juden von Nazideutschland (massenhaft) getötet wurden, 1941-1944

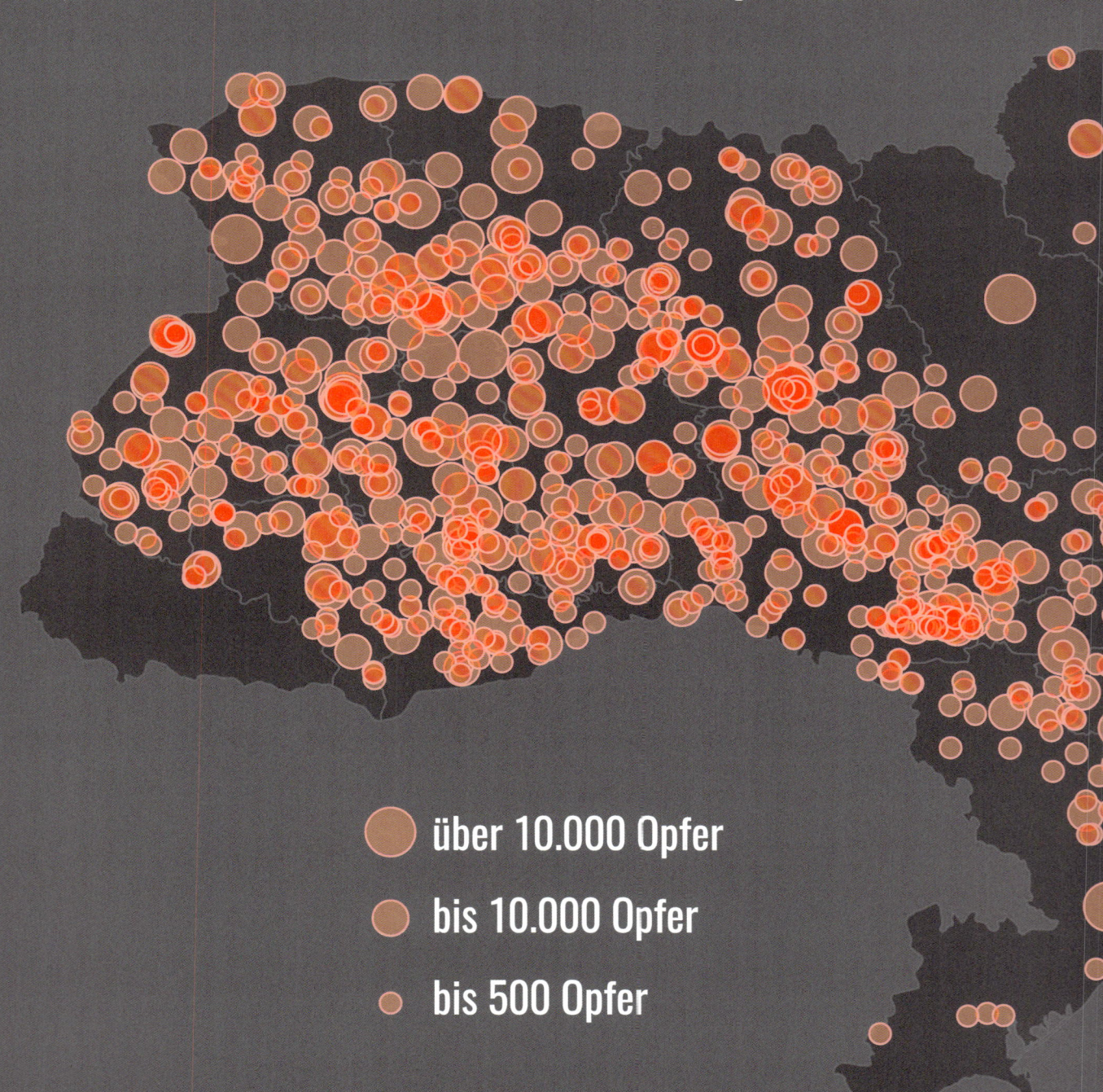

über 10.000 Opfer

bis 10.000 Opfer

bis 500 Opfer

Der Holocaust fand auch in der Ukraine statt. Im Sommer 1941 etwa führten die Deutschen dort Massenerschießungen durch. Der vorläufige Höhepunkt des Mordens ereignete sich im September. In Babyn Jar, einer Schlucht bei Kyjiw, ermordeten Wehrmachtssoldaten innerhalb von 48 Stunden über 33.000 Jüdinnen und Juden. Historiker:innen nennen diese Frühphase des Genozids *Holocaust durch Kugeln*. Nach den Erschießungen sollten die deutschen Soldaten auf andere Gedanken kommen, weshalb sie sich regelmäßig zu Kameradschaftsabenden trafen. Essen, Getränke und Musik mussten ukrainische Anwohner:innen bereitstellen.

# Demos in Russland gegen den russischen Einmarsch in die Ukraine

Orte mit Protesten am Tag der Invasion, in denen Inhaftierungen von Demonstrierenden dokumentiert sind

Am Tag des russischen Angriffs auf die Ukraine gingen in russischen Städten Menschen auf die Straße, um dagegen zu demonstrieren. Der russischen Regierung passt das nicht. Sie versucht, jegliche Demonstrationen zu unterdrücken, und hat Tausende Menschen verhaftet.

Auch in den Sozialen Medien können sich die Menschen kaum mehr frei äußern. Viele Plattformen wurden stark eingeschränkt oder ganz gesperrt. Zudem wurden strengere Gesetze erlassen.

Chabarowsk

Tomsk

Krasnojarsk

Wladiwostok

Nowosibirsk

Irkutsk

Ulan-Ude

Barnaul

# Sag mal Paljanyzja

?!

Paljanyzja ist ein traditionelles ukrainisches Weißbrot. Typisch an dem Gebäck ist die sichelförmig aufgebroche Kruste, die durch Einschneiden des Teiges vor dem Backen erzeugt wird. Seit Beginn des russischen Angriffskrieges diente die Bezeichnung den Ukrainer:innen aber auch als Codewort, um mögliche Spitzel zu enttarnen. Russischsprachige Personen sprechen das ukrainische Wort Паляниця oft anders aus, sodass es eher nach Полуниця klingt – dem ukrainischen Wort für Erdbeere.

# Auslandseinsätze rechtsextremer Söldnertruppen

## ... aus der Ukraine: 0

»Denazifizierung« ist eines der Propagandaworte, mit denen Putin seinen Angriffskrieg rechtfertigt. Besonders im Fokus seiner Propaganda: das ultranationalistische Asow-Regiment der Ukraine, das etwa im Kampf um Mariupol besondere Bedeutung erlangte. Die Wahrheit aber ist: In der internationalen Politik verlässt sich Putin selbst auf rechtsextreme Truppen. Die sogenannte Gruppe Wagner ist ein rechtsextremes russisches privates Sicherheits- und Militärunternehmen, dessen Söldnereinheiten in der Regel verdeckt operieren, aber als Werkzeug der russischen Regierung gelten.

Auch wenn sie nicht direkt dem Verteidigungsministerium untersteht, bestehen enge Verbindungen zwischen Regierung und paramilitärischer Organisation, die von Medien daher gelegentlich als »Putins Schattenarmee« oder »Putins Söldner« bezeichnet wird. Der Vorteil solcher Einheiten: Russland muss keine regulären Truppen in kritische und umstrittene Einsätze schicken – und hat in der Folge auch keine Gefallenen zu vermelden.

Berüchtigt ist die Gruppe für schwere Menschenrechtsverletzungen wie Folter und Morde bei ihren Auslandseinsätzen. Was sie im Ausland macht? Je nach Notwendigkeit: kämpfen, Rebell:innen oder Regierungstruppen ausbilden, die Leibgarde für wichtige Personen stellen oder russische Geschäfte absichern. Die Gruppe geht auf den Neonazi Dmitri Utkin zurück, nach dessen Kampfnamen »Wagner« sie benannt ist.

# ... aus Russland:

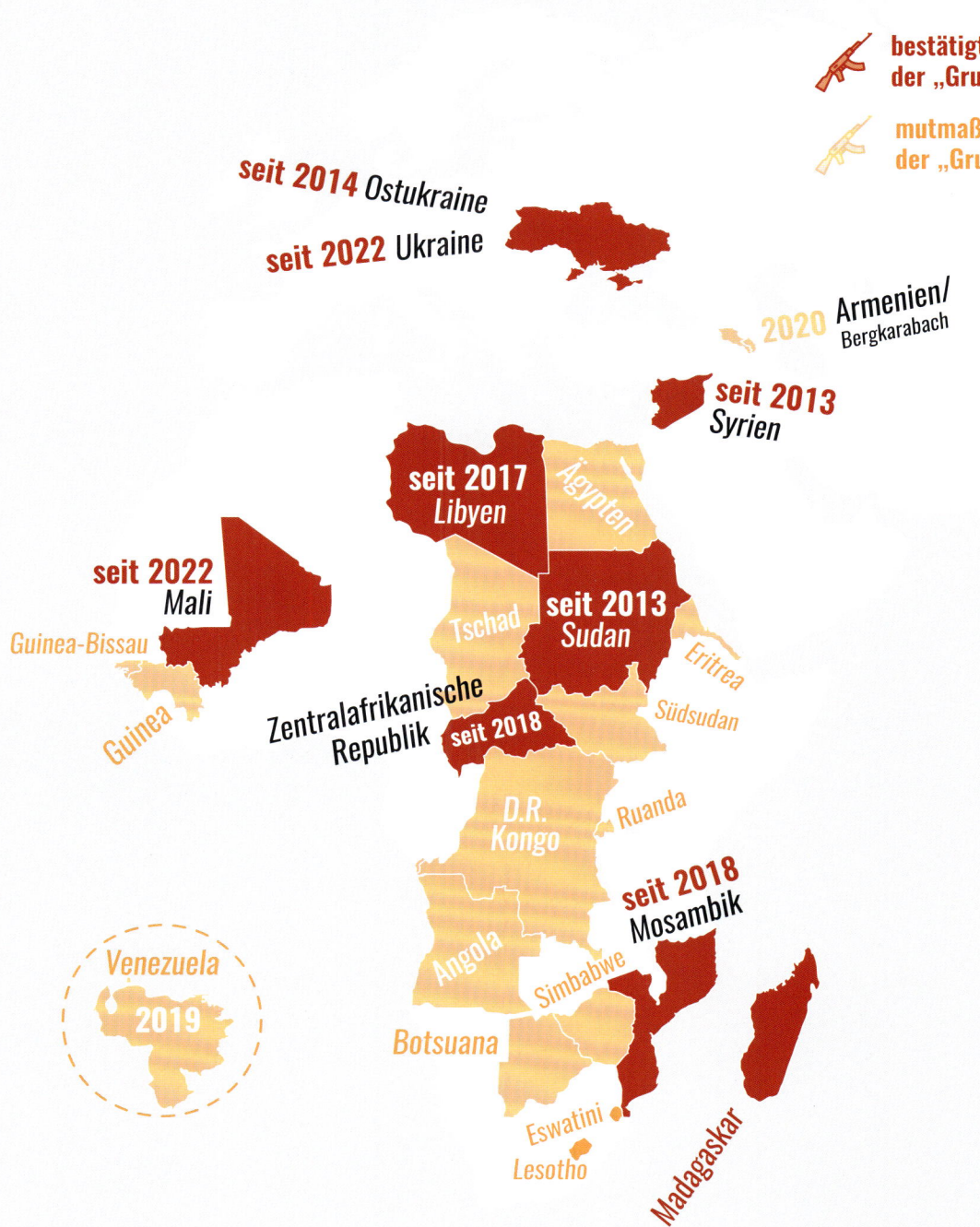

bestätigte Einsätze der „Gruppe Wagner"

mutmaßliche Einsätze der „Gruppe Wagner"

seit 2014 Ostukraine

seit 2022 Ukraine

2020 Armenien/ Bergkarabach

seit 2013 Syrien

seit 2017 Libyen

Ägypten

seit 2022 Mali

Guinea-Bissau

Guinea

Tschad

seit 2013 Sudan

Eritrea

Südsudan

Zentralafrikanische Republik

seit 2018

D.R. Kongo

Ruanda

seit 2018 Mosambik

Venezuela

2019

Angola

Simbabwe

Botsuana

Eswatini

Lesotho

Madagaskar

# Wie viel vom Staatshaushalt für das Militär ausgegeben wurde

2020 oder 2021, Schätzungen, in Prozent

Deutschland gab in den 2010er-Jahren durchgehend weniger als zwei Prozent seines Bruttoinlandsprodukts für das Militär aus. In der Ukraine und in Russland sieht die Sache anders aus. Russlands Ausgaben für die Streitkräfte waren schon immer hoch. In der Ukraine kam das erst mit dem Krieg – und der begann nicht im Februar 2022, sondern 2014. Seit der Krym-Krise haben sich die ukrainischen Ausgaben für Streitkräfte, Rüstungsprojekte, paramilitärische Verbände und das Verteidigungsministerium fast verdoppelt: von drei auf knapp sechs Milliarden US-Dollar.

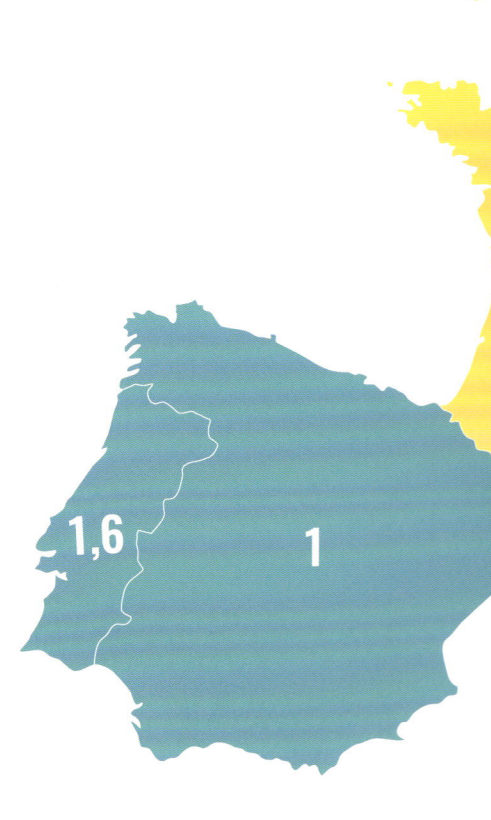

 ab 4     unter 4     unter 3     unter 2    unter 1

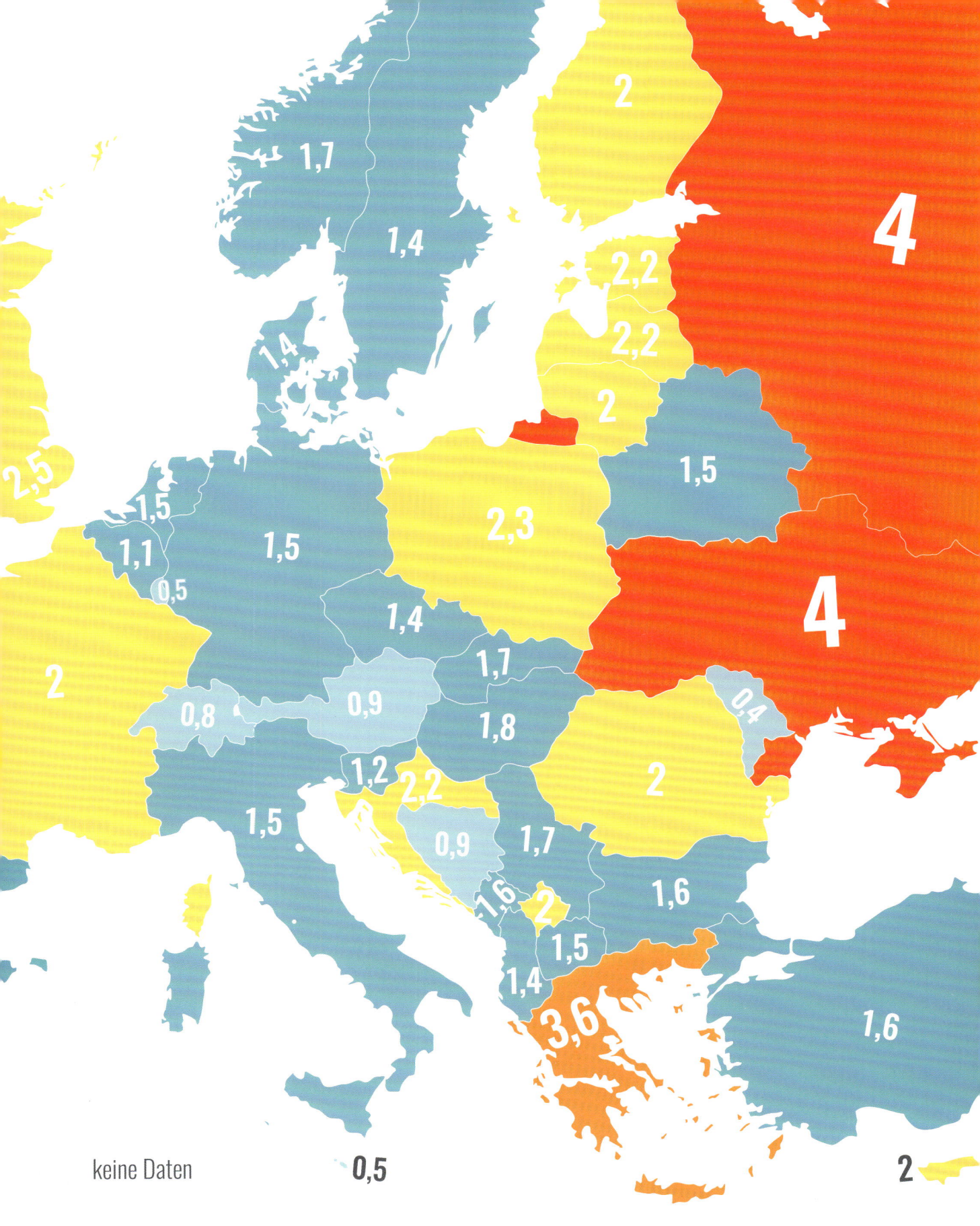

keine Daten        0,5        **2**

# Nur wenige Länder mit Sanktionen gegen Russland

## in den ersten zwei Monaten der Invasion

In Europa und Nordamerika sind die Reaktionen auf den russischen Überfall eindeutig. Damit hatte der russische Präsident Berichten zufolge nicht gerechnet. Aber während in Europa der Krieg auch medial höchste Priorität hat, sieht es im Rest der Welt anders aus. Dort nimmt weder die Berichterstattung über den Krieg einen ähnlich großen Raum ein, noch ist die Empörung vergleichbar.

Das dürfte auch mit den politischen Interessen der Staaten zu tun haben. Für Indien und Vietnam ist Russland der wichtigste Waffenlieferant, Bangladesch baut mit russischer Hilfe ein Kernkraftwerk. Viele Länder des globalen Südens beziehen Düngemittel, Weizen oder Mais aus Russland. Sich nicht klar zu positionieren, scheint zudem für viele Staaten eine strategische Entscheidung zu sein. So schließen sie keine Kooperationspartner aus und halten sich für künftige politische Projekte verschiedene Optionen offen.

# Die 10 bevölkerungsreichsten Staaten der Erde

ohne Sanktionen gegen Russland

mit Sanktionen gegen Russland

China

Indien

USA

Indonesien

Pakistan

Brasilien

Nigeria

Bangladesch

Russland

Mexiko

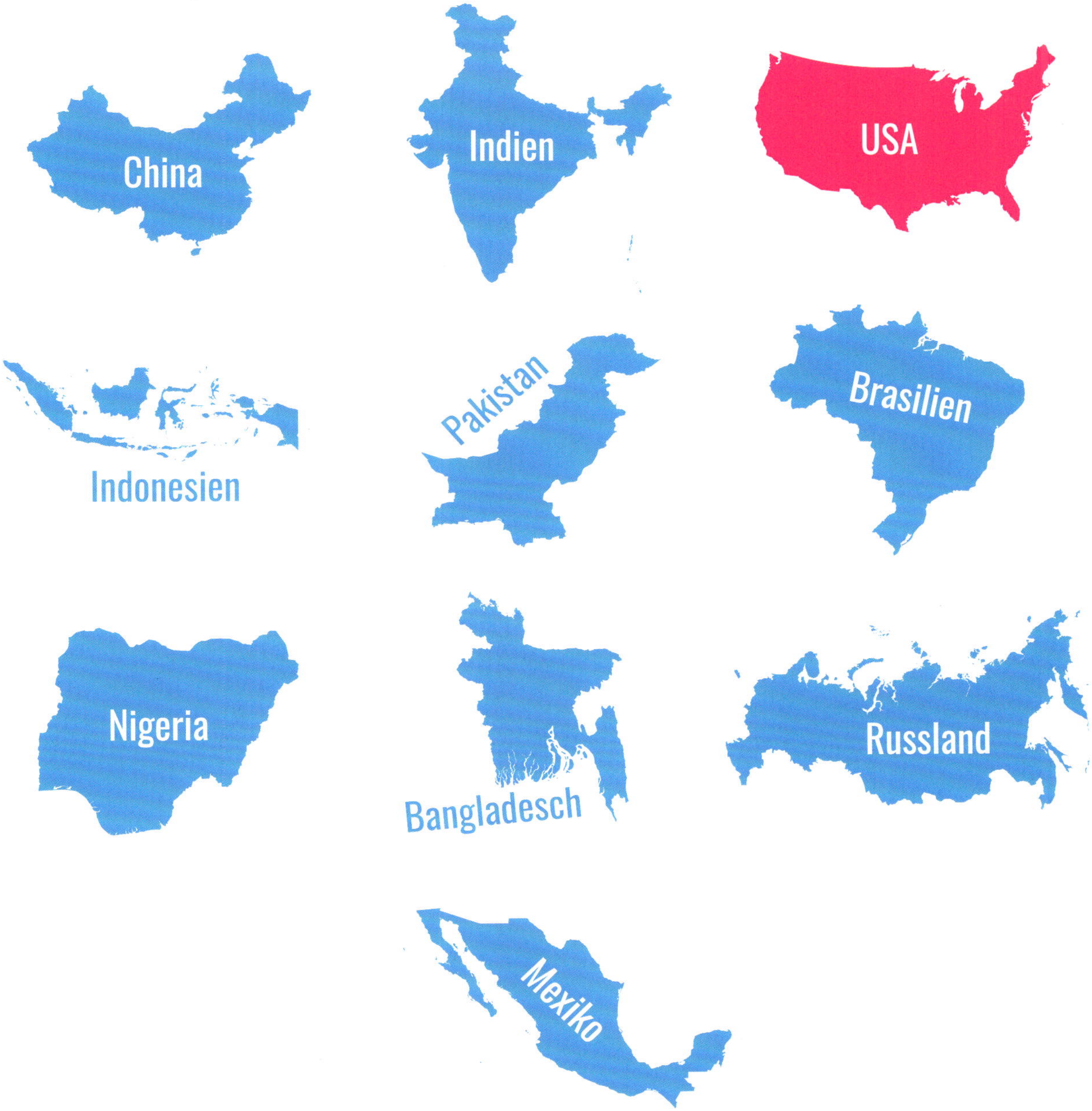

# Traditionelle Muster

Anhand von Trachten lässt sich ganz leicht herausfinden, aus welcher Region der Ukraine jemand stammt. Denn die verwendeten Muster und Farben unterscheiden sich je nach Herkunft der traditionellen Kleidung. Im 19. Jahrhundert war es Brauch, dass Bräute ihren künftigen Schwiegereltern eine Tracht nähten.

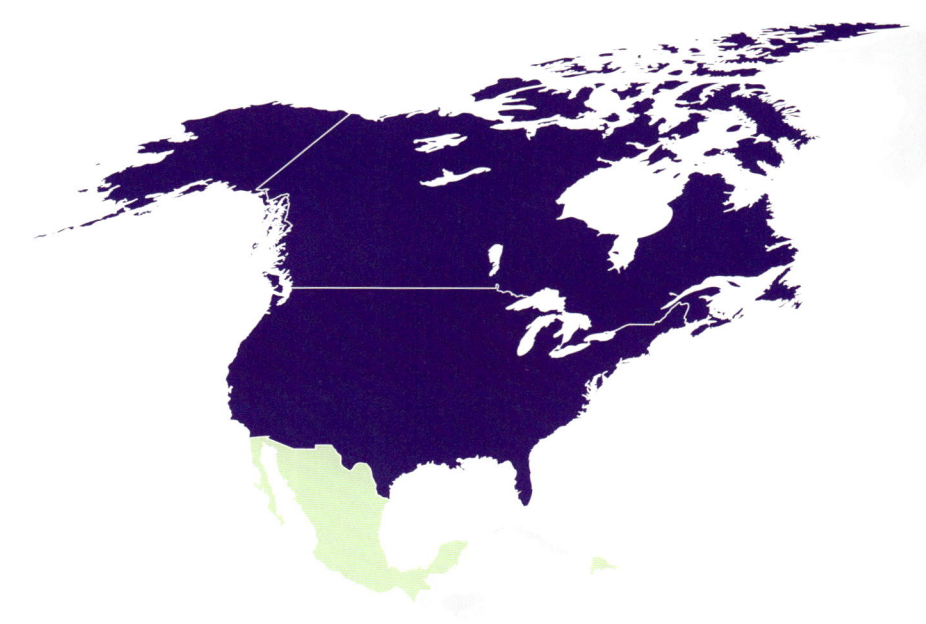

## Anzahl der Ukrainer:innen in anderen Ländern

 ab 1.000

 ab 10.000

 ab 100.000

 ab 500.000

 ab 1.000.000

 keine Daten oder nennenswerte Migration

Daten des letzten verfügbaren Jahres
1990-2022

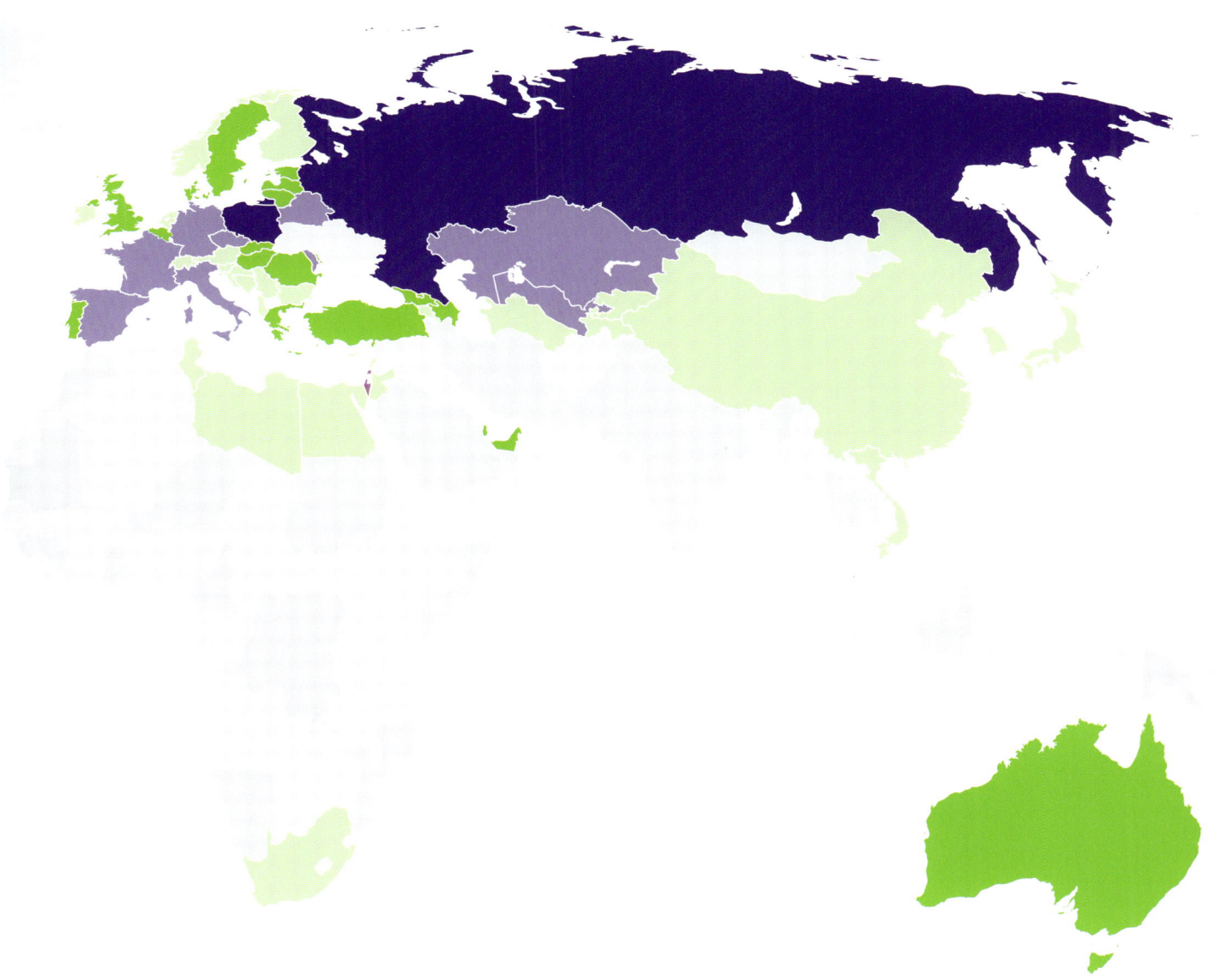

# Die Ausgewanderten

Im Jahr 2020 lebten insgesamt 135.000 ukrainische Staatsangehörige in Deutschland. Das waren 21 Prozent mehr als 2011. Ukrainer:innen machten damit rund 1,3 Prozent derjenigen Menschen aus, die mit ausländischer Staatsangehörigkeit in Deutschland lebten. Die meisten Ukrainer:innen in Deutschland sind weiblich. Viele von ihnen haben einen unbefristeten Aufenthaltsstatus und leben seit mindestens fünf Jahren in der Bundesrepublik. Daten zeigen, dass sie wirtschaftlich stark benachteiligt sind: Mehr als ein Drittel verdient nicht mal 1.500 Euro im Monat. Zugewanderte aus anderen ehemaligen UdSSR-Staaten, etwa aus Kasachstan, stehen oftmals besser da.

# Radioaktive Hotspots zehn Jahre nach der Atomkatastrophe von Tschornobyl

Der Name Tschornobyl ist fast allen bekannt. Im rund 130 Kilometer nördlich von Kyjiw gelegenen Atomkraftwerk explodierte 1986 ein Reaktor während eines Sicherheitstests. Mindestens fünf Prozent des Kernmaterials gelangten in die Umwelt. Das hört sich nach wenig an, ist aber extrem viel. Im Vergleich zu den Atombomben, die am Ende des Zweiten Weltkriegs über Hiroshima und Nagasaki abgeworfen wurden, wurde in Tschornobyl etwa 200-mal mehr radioaktive Strahlung freigesetzt. Besonders betroffen waren die Ukraine und das angrenzende Belarus. Die Schadstoffwolke breitete sich durch drehende Winde in den folgenden Wochen jedoch auch über das restliche Europa aus. Bis 2065 sollen die verbliebenen Reaktorblöcke zurückgebaut werden.

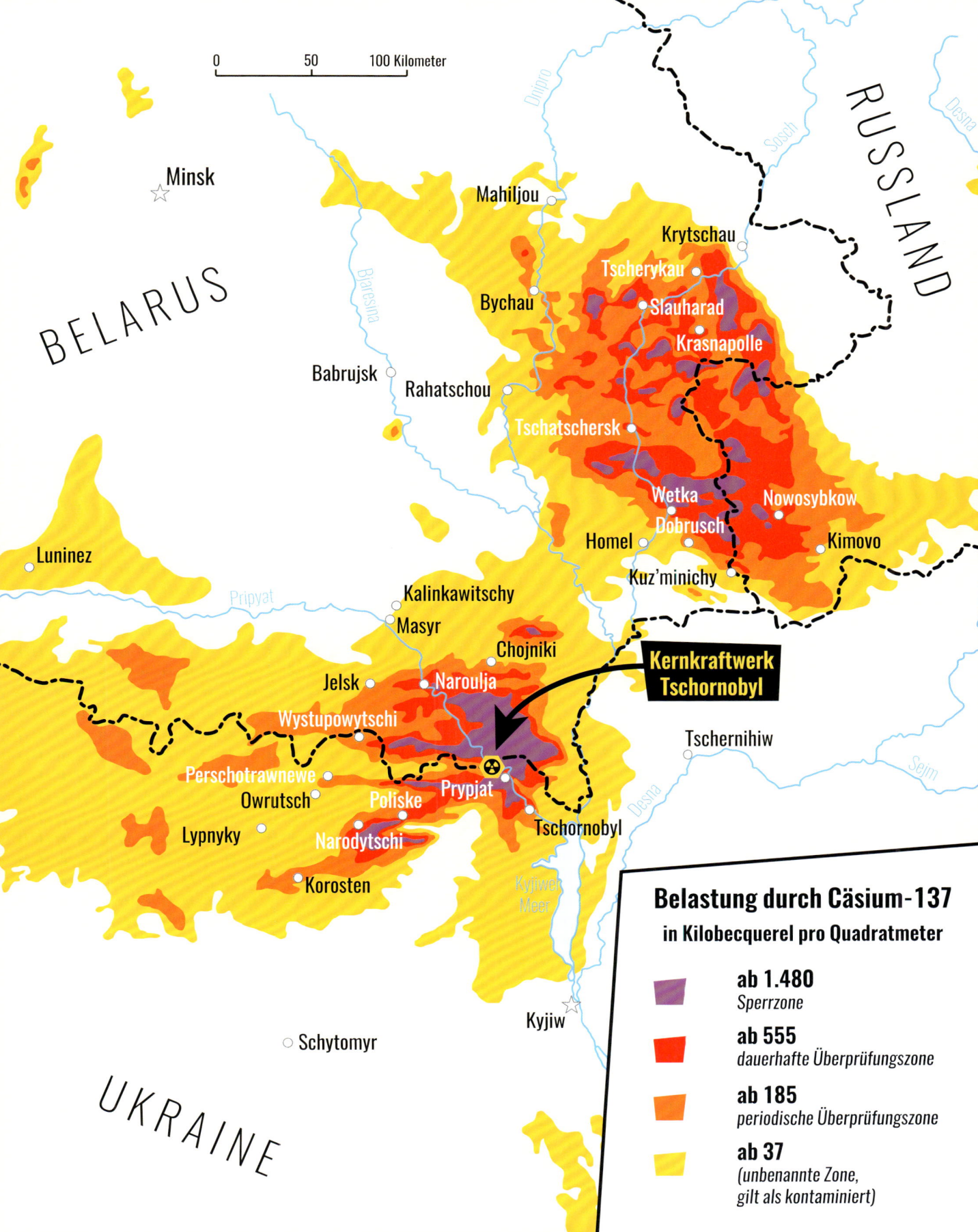

Scale: 0 — 50 — 100 Kilometer

RUSSLAND

BELARUS

Minsk

Mahiljou

Krytschau

Tscherykau

Bychau

Slauharad

Krasnapolle

Babrujsk

Rahatschou

Tschatschersk

Wetka

Nowosybkow

Dobrusch

Homel

Kimovo

Kuz'minichy

Luninez

Kalinkawitschy

Masyr

Chojniki

Kernkraftwerk
Tschornobyl

Jelsk

Naroulja

Wystupowytschi

Tschernihiw

Perschotrawnewe

Prypjat

Owrutsch

Poliske

Tschornobyl

Lypnyky

Narodytschi

Korosten

Kyjiwer
Meer

Kyjiw

Schytomyr

UKRAINE

Rivers: Dnipro, Sosch, Desna, Bjaresina, Pripyat, Sejm

**Belastung durch Cäsium-137**

in Kilobecquerel pro Quadratmeter

**ab 1.480**
*Sperrzone*

**ab 555**
*dauerhafte Überprüfungszone*

**ab 185**
*periodische Überprüfungszone*

**ab 37**
*(unbenannte Zone,
gilt als kontaminiert)*

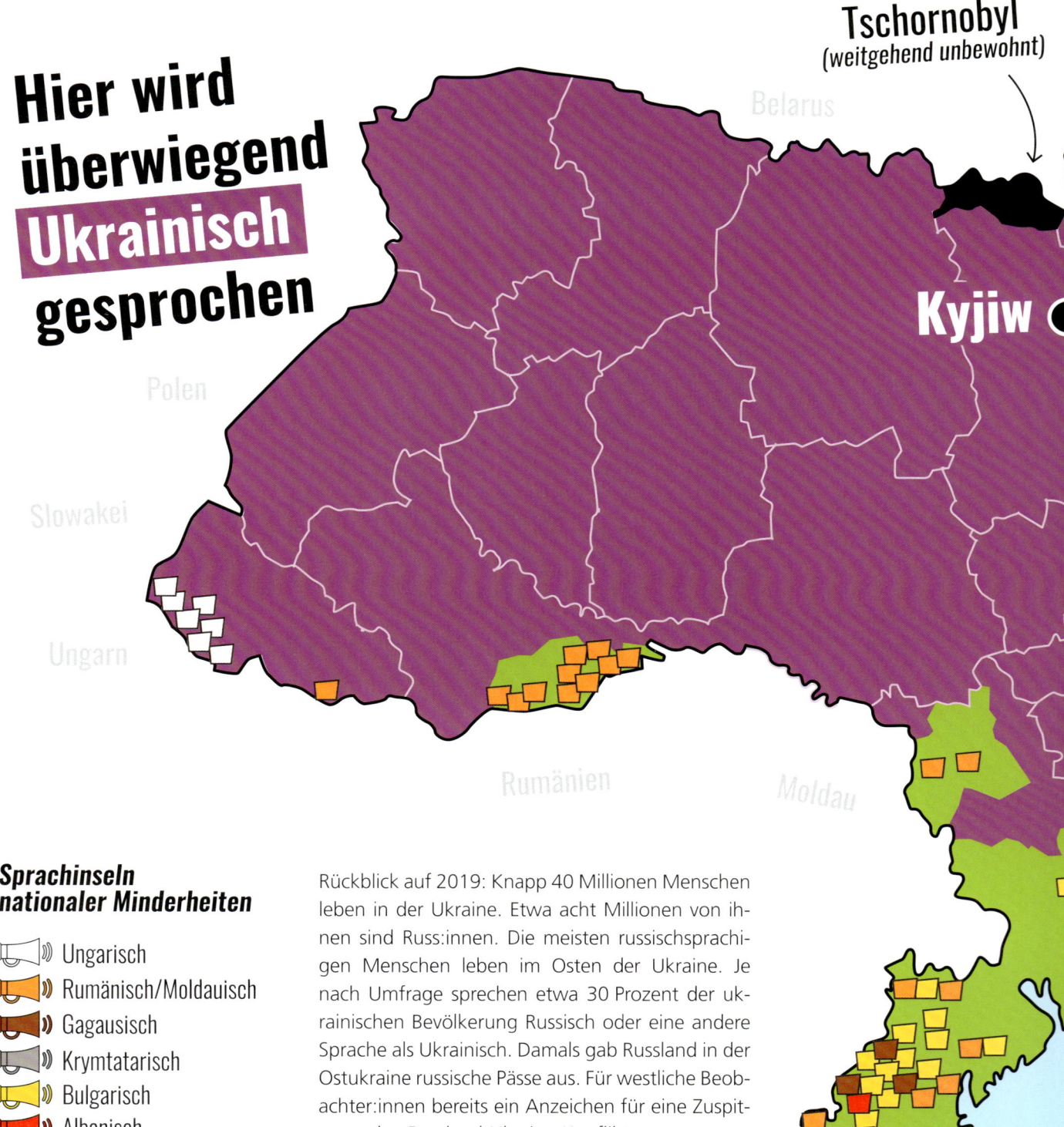

# Hier wird überwiegend **Ukrainisch** gesprochen

**Tschornobyl**
(weitgehend unbewohnt)

Belarus

Polen

Slowakei

Ungarn

Kyjiw

Rumänien

Moldau

## Sprachinseln nationaler Minderheiten

- ))) Ungarisch
- ))) Rumänisch/Moldauisch
- ))) Gagausisch
- ))) Krymtatarisch
- ))) Bulgarisch
- ))) Albanisch

Rückblick auf 2019: Knapp 40 Millionen Menschen leben in der Ukraine. Etwa acht Millionen von ihnen sind Russ:innen. Die meisten russischsprachigen Menschen leben im Osten der Ukraine. Je nach Umfrage sprechen etwa 30 Prozent der ukrainischen Bevölkerung Russisch oder eine andere Sprache als Ukrainisch. Damals gab Russland in der Ostukraine russische Pässe aus. Für westliche Beobachter:innen bereits ein Anzeichen für eine Zuspitzung des Russland-Ukraine-Konflikts.

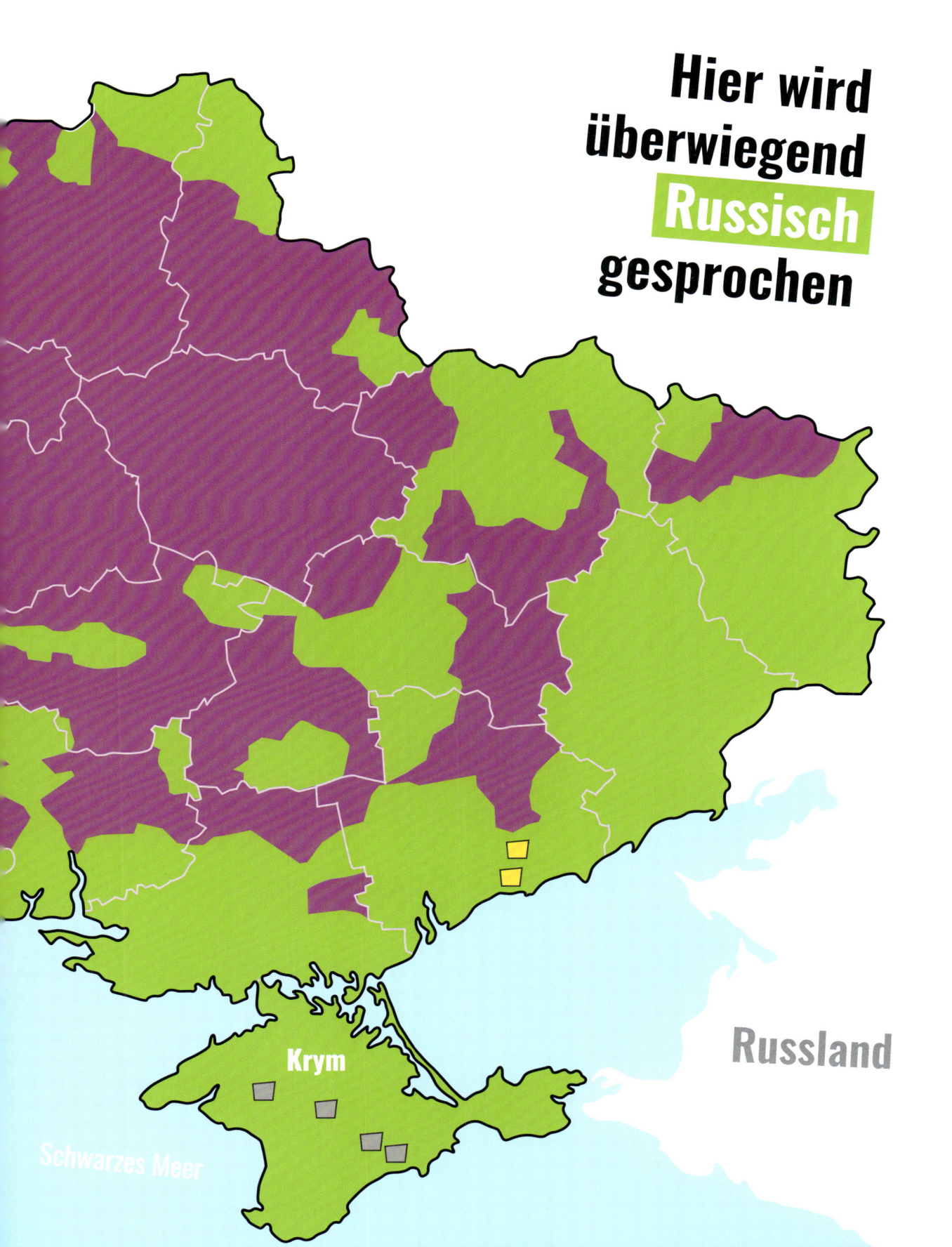

# Hier wird überwiegend Russisch gesprochen

Russland

Krym

Schwarzes Meer

**St. Petersburg**
erste literarische Versuche,
Anstellung als Geschichtslehrer
und später -professor

**Lübeck**
Rückzugsort nach dem
gescheiterten ersten Werk,
erfolgloser Versuch,
Schauspieler zu werden

**Moskau**
1852 gestorben

**Nischyn**
Besuch eines Gymnasiums

**Paris**
Leben als Autor
mit russischen
Emigrant:innen

**Kyjiw**
gescheiterte Bewerbung
auf Geschichtsprofessur

**Welyki Sorotschynzi**
1809 geboren und aufgewachsen

**Deutschland, Österreich,
Schweiz, Frankreich und Italien**
mehrjährige Reisen

**Rom**
Kunststudent, Autor und
begeisterter Opernbesucher

**Jerusalem und Palästina**
Pilgerreise

heutige Grenzen

# Nikolai Gogols Lebensstationen

Zuerst wollten wir hier mit einer russlandzentrierten Karte arbeiten, lohnte sich aber nicht. Denn Nikolai Gogol hat nie im Osten des Landes gelebt. Stattdessen streiten sich Russland und die Ukraine um den Schriftsteller. So sprach er *beide* Sprachen und hat immer mal wieder in *beiden* Ländern gelebt. Geboren wurde er auf dem Gebiet der heutigen Ukraine und heißt dort übrigens Mykola Hohol. Bekannt geworden ist er hingegen unter seinem russischen Namen. Er hat auf Russisch geschrieben und war eng mit dem russischen Schriftsteller Alexander Puschkin befreundet.

Traurigerweise verbrannte Gogol seine letzten Manuskripte und starb an den Folgen ausufernden Fastens. Bis heute hält sich aber das Gerücht, dass er versehentlich lebendig begraben wurde. Was wir sicher wissen: Genau davor hatte der Schriftsteller zu Lebzeiten panische Angst.

# Länder, die offiziell zweimal Weihnachten feiern

Die Ukraine ist eines von fünf Ländern weltweit, in denen die Menschen gleich zweimal Weihnachten feiern – einmal nach dem gregorianischen und einmal nach dem julianischen Kalender. Sowohl der 25. Dezember als auch der 7. Januar sind offizielle Feiertage. In der Ukraine aber erst seit 2017. Damals erklärte der Parlamentsvorsitzende, dass sich die Regierung mit der Entscheidung auch »von der geistigen Besatzung Moskaus« entfernen wolle.

† katholische Kirche
nach gregorianischem Kalender

DEZEMBER 25

JANUAR 7

☦ orthodoxe Kirche
nach julianischem Kalender

BELARUS

UKRAINE

MOLDAU

LIBANON

ERITREA

# Silhouette der Ukraine

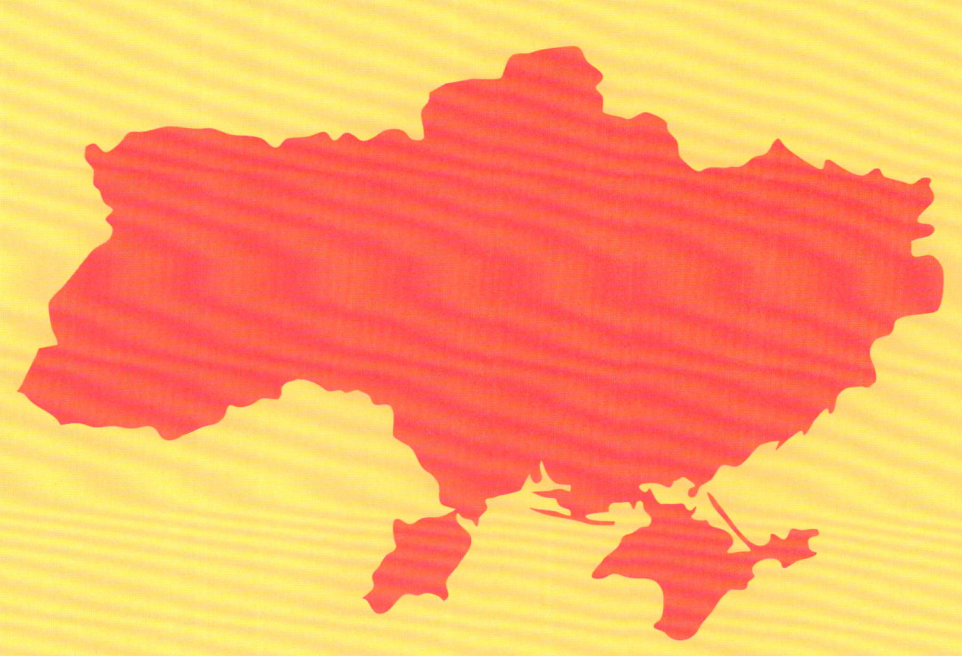

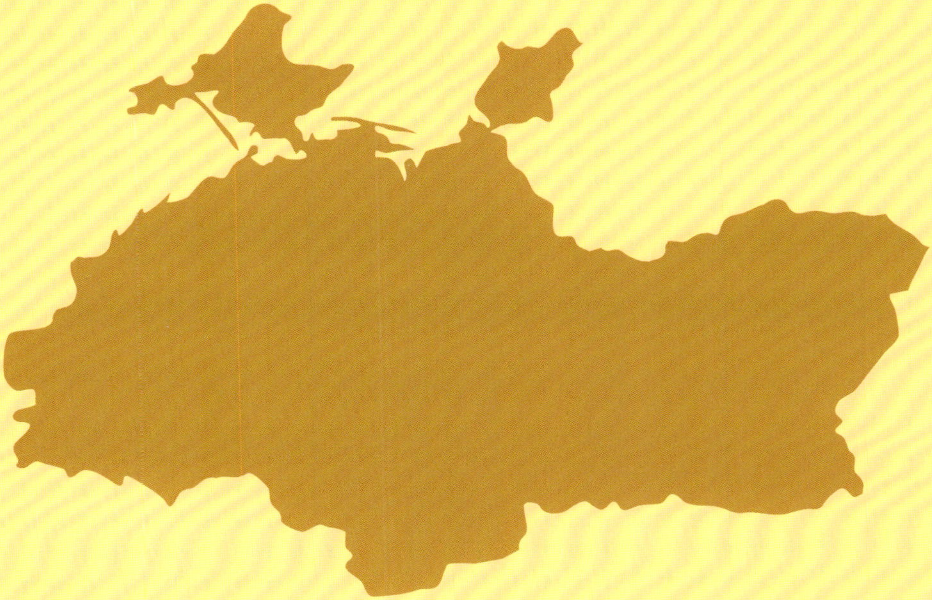

Auch die Silhouette der Ukraine

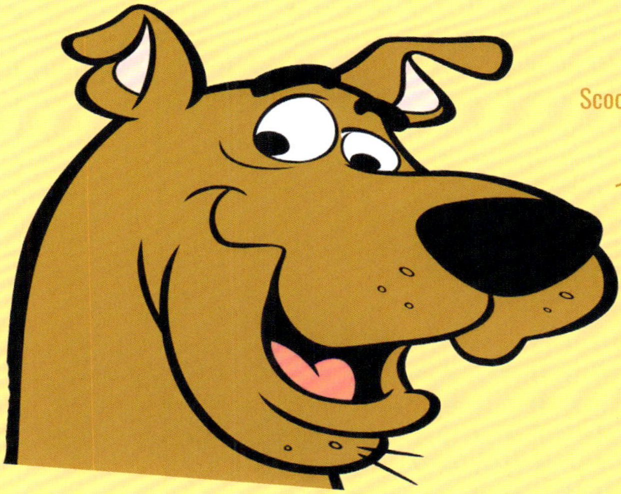
Scooby Dooby Doo!

# Quellen

**Der Mittelpunkt Europas liegt in der Ukraine 6 f.**
Parkinson, Gary: Why Europe's center is in Germany. Or Lithuania. Or Poland. Or Estonia, auf: newseu.cgtn.com (3.2.2020).

**Welterbestätten in der Ukraine 8 f.**
Whc.unesco.org.

**Kyjiw statt Kiew 10 f.**
Universität Heidelberg (Hg.): Umschrift des russischen Alphabets, auf: uni-heidelberg.de (9.12.2008); Universität Leipzig (Hg.): Die deutschen Transliterations- und Transkriptionssysteme für Ukrainisch nach DIN 1460, auf: home.uni-leipzig.de; dach-ukraine.de.

**Die Ukraine dargestellt anhand ihrer Gewässer 12 f.**
Openstreetmap.de.

**Die höchsten Gebäude in der Ukraine 14 f.**
Epstein, Jake: Russian Forces Attacked a Kyiv TV Tower, Knocking Out Broadcasting in Ukraine's Capital, auf: businessinsider.com (1.3.2022); emporis.com.

**Umschreibungen für Sex haben 16 f.**
Zhdanova, Antonina: 12 синонимів і метафор до слова »секс« в українській мові, auf: bit.ua (15.1.2020); eigene Recherche.

**Behauptung vs. Realität 18 f.**
Zdfheute (Hg.): Welche Kriege und Konflikte gab es seit 1945?, auf: zdf.de (25.2.2022); Landeszentrale für politische Bildung Baden-Württemberg (Hg.): Jugoslawienkrieg – Kriege auf dem Balkan in den 1990er Jahren, auf: esteuropa.lpb-bw.de.

**Panzer vs. Traktoren 20 f.**
Knoema.de; Global Fire Power (Hg.): Comparison of Ukraine and Russia Military Strategy (2022), auf: globalfirepower.com.

**Die Flagge der Ukraine 24 f.**
Krawchenko, Bohdan: National memory in Ukraine: The Role of the Blue and Yellow Flag, in: Journal of Ukrainian Studies, (15)1990, S. 1-21.

**Tiefste Metrostationen der Welt im Vergleich 26 f.**
Sawe, Benjamin E.: Deepest Metro Stations In The World, auf: worldatlas.com (1.8.2017).

**So viele Straßenkilometer wurden im ersten Kriegsmonat in der Ukraine zerstört 28 f.**
Tagesschau (Hg.): Ukraine-Krieg Liveblog, auf: tagesschau.de (28.3.2022).

**Gegen diese Fußballnationalmannschaften hat die Ukraine schon gewonnen 30 f.**
11v11.com; en-academic.com; transfermarkt.de.

**Wie viele Bibliotheken gibt es eigentlich in … ? 32 f.**
Boyarinova, Oksana: Публічні бібліотеки України – у цифрах, auf: day.kyiv.ua (11.12.2019); Bocksch, René: Bayern hat die meisten Bibliotheken, auf: statista.com (4.8.21); Turulski, Anna-Sofie: Öffentliche Bibliotheken in Österreich nach Bibliotheksart bis 2020, auf: statista.com (21.1.2022); Turulski, Anna-Sofie: Bibliotheken mit der größten Anzahl an physischen Medien in der Schweiz im Jahr 2020, auf: statista.com (26.4.2022); data.worldbank.org.

**Die wichtigsten Importländer für die Ukraine 2020 34 f.**
Oec.world.

**Dinge, die Deutsche zeigen müssen, um sich auszuweisen 36 f.**
Außenministerium der Ukraine; Ukrainisches Institut (Hg.): Digital Country, auf: ukraine.ua.

**Ehemalige Atommächte 38 f.**
Bpb.de; Krätzig, Christina: Internationale Übung. »Wir wollen zeigen, dass atomare Abrüstung möglich ist«, auf: uni-hamburg.de (30.3.2022); Claasen, Heimo: Südafrikas Flirt mit Atomwaffen, auf: welt-sichten.org (26.8.2014).

**Wappen der Ukraine 40 f.**
ORF (Hg.): Von Widerstand bis Propaganda: Kampf der Symbole im Ukraine-Krieg, auf: orf.at (9.3.2022); akhinterland.wordpress.com.

**Nachfolgestaaten der Sowjetunion und bewaffnete Konflikte im postsowjetischen Raum 42 f.**
Wittkowsky, Andreas: Verschleppte Konflikte und hybride Staatlichkeit im post-sowjetischen-Raum, auf: bpb.de (20.1.2021).

**Anteil an Menschen, die Waffenlieferungen an die Ukraine befürworten 44 f.**
Tagesspiegel (Hg.): Zwei Drittel befürchten in Umfrage einen Dritten Weltkrieg, auf: tagesspiegel.de (1.3.2022); Rheinische Post (Hg.): Mehrheit gegen Waffen an Kiew und für Merkel als Vermittlerin, auf: rp-online.de (23.2.2022).

**Orte, die Odes(s)a heißen 46 f.**
Geotargit.com; Vogel, Wolfgang H.: Brief History of German Immigration Into America. From Where, to Where, Why They Came and What They Contributed, Bloomington/IN 2020; britannica.com; dobovo.com.

**Kriegsvorbereitung: Fake News verbreiten 48 f.**
Graham, Timothy; Thompson, Jay D.: Russian government accounts are using a Twitter loophole to spread disinformation, auf: theconversation.com (15.3.22).

**Kriege im Ausland 50 f.**
Trebing, Mona; Apitius, Ole: Nazis, Biolabore, Staatlichkeit? Putins Kriegsgründe im Faktencheck, auf: zdf.de (18.3.2022); Braun, Nadine; Specht, Sebastian: Putins Kriege. Tschetschenien, Georgien, Syrien, Ukraine – was sind die Motive des russischen Präsidenten?, auf: zdf.de (20.3.2022).

**Herkunft europäischer Boxweltmeister:innen 52 f.**
Boxrec.com; Süddeutsche (Hg.): Boyer Tyson Fury. Ausstieg mit Hintertür, auf: sueddeutsche.de (24.4.2022).

**Deutsche Botschaft kontert russische Propaganda 54 f.**
Russia in RSA (@EmbassyofRussia), auf: twitter.com (5.3.2022, 7:07 Uhr).

**Die wichtigsten Exportländer für die Ukraine 2020 56 f.**
Oec.world.

**Die Ukraine ist das größte Land 58 f.**
Bundeszentrale für politische Bildung (BPB, Hg.): Flächen und Bevölkerungsdichte, auf: bpb.de (18.10.2018).

**Frauenanteil im Militär 60 f.**
Nato (Hg.): Summary of the National Reports. Of NATO Member and Partner Nations to the NATO Committee on Gender Perspectives, Brüssel 2019, S. 23.

**Frauenanteil im ukrainischen Militär 62 f.**
Ukrainisches Verteidigungsministerium (Hg.): White Book 2019-2020. The Armed Forces of Ukraine and the State Special Transport Service, Kyjiw 2021, S. 97; Ewe, Koh: »We Are Not Afraid of Death«: The Ukrainian Women Taking Up Arms Against Russia, auf: vice.com (4.3.2022).

**Wer hat Atomwaffen? 64 f.**
Global Change Data Lab (Hg.): Country position towards nuclear weapons 2022, auf: ourworldindata.org.

**Der drittlängste Fluss Europas durch die Ukraine 66 f.**
Europakarte.org.

**Städtepartnerschaften zwischen der Ukraine und Deutschland 68 f.**
Rgr.de.

**Wo die meisten Kartoffeln geerntet werden 70 f.**
Fao.org; Bühlmann, Samuel: Die Kartoffelweltkarte: Welches Land baut am meisten Kartoffel an?, auf: bauernzeitung.ch (15.10.2019).

**Welches europäische Land produziert den meisten Atomstrom? 72 f.**
Global Change Data Lab (Hg.): Electricity production by source, France, auf: ourworldindata.org.

**In diesen 20 europäischen Ländern leben zusammen so viele Menschen wie in der Ukraine 74 f.**
Worldometer.info.

**Ukraine unter den Top 35 der Start-up-Nationen 76 f.**
StartupBlink (Hg.): Global Startup Ecosystem Index 2021, S. 26-29, 131 f.

**Alkoholkonsum nach Art des Getränks 78 f.**
WHO (Hg.): Global status report on alcohol and health 2018, Genf 2018, S. 250-297; Morris, Hugh: 25 Amazing Facts You Probably Didn't Know About Ukraine, auf: telegraph.co.uk (3.7.2021); authenticukraine.com.ua; ukraweb.com.

**Top 15 Weizenexporteure 80 f.**
Comtrade.un.org; Fürniß, Alexander: Warum der Krieg die Welternährung gefährdert, auf: katapult-magazin.de (29.3.2022).

**Abhängigkeit von Weizen aus der Ukraine 82 f.**
Comtrade.un.org; Rudloff, Bettina; Götz, Linde: War in Ukraine and Food Security: Developing a Judicious »Food First« Strategy for Autumn, auf: swp-berlin.org (14.3.2022).

**Spurweiten europäischer Eisenbahnschienen 84 f.**
Openrailwaymap.org.

**Länder, deren Präsidenten vor ihrer Amtszeit Schauspieler oder Komiker waren 86 f.**
Agence France-Presse: From Ronald Reagan to Volodymyr Zelensky, stars who went into politics, auf: rappler.com (22.4.2019).

**Die Katakomben von Odesa … 88 f.**
Schweyher, Fabian: Eine Schnur weist den Weg aus den Katakomben, auf: welt.de (29.8.2015); odessawalks.com; atlasobscura.com.

**Höchstes und niedrigstes Bruttoinlandsprodukt pro Kopf 90 f.**
Imf.org.

**Bruttoinlandsprodukt 92 f.**
Urmersbach, Bruno: Ukraine: Bruttoinlandsprodukt (BIP) in jeweiligen Preisen von 1992 bis 2021, auf: statista.com (29.4.2022); Rudnicka, J.: Bruttoinlandsprodukt von Sachsen von 1991 bis 2021, auf: statista.com (26.4.2022); Landeszentrale für politische Bildung Baden Württemberg (Hg.): Wirtschaft in der Ukraine, auf: lpb-bw.de.

**Atomwaffen in Europa 94 f.**
Kile, Shannon N.; Kristensen, Hans M.; Korda, M.: World nuclear forces, auf: sipri.org; icanw.org.

**Atomkraftwerke in der Ukraine 96 f.**
Janson, Matthias: Die Kernkraftwerke der Ukraine, auf: statista.com (4.3.2022); Spiegel (Hg.): Angriff bei Tschernobyl. Russische Soldaten fuhren ungeschützt durch verseuchtes Gebiet, auf: spiegel.de (29.3.2022); iea.org.

**Wer hat die meisten Entwickler:innen? 100 f.**
Sava, Justina A.: Leading European countries with professional developers in Europe in 2019, ranked by countries, auf: statista.com (21.2.2022); Herasymchuck, Olena: Welches Land hat die meisten Java, JavaScript, Ruby on Rails, Python und PHP Entwickler?, auf: daxx.com (24.1.2020); Kosenko, Natalia: Outsourcing Trend Report: Die besten Zielländer für Softwareentwicklung 2021, auf: daxx.com (30.11.2020); HackerRank (Hg.): 2020 HackerRank Developer Skills Report, auf: info.hackerrank.com.

**Präsidenten der Ukraine 102 f.**
BPB (Hg.): Die unabhängige Ukraine, auf: bpb.de (3.8.2015); dies.: Die Majdan-Revolution und das bewaffnete Eingreifen Russlands, auf: bpb.de (3.8.2015); Nuspliger, Niklaus: Die Ukraine rückt näher an die EU heran, auf: nzz.ch (27.6.2014).

**Länder mit einem höheren und niedrigeren Punkteschnitt beim Eurovision Song Contest als die Ukraine 104 f.**
Eurovision.de.

**Ukrainisches Straßennetz 106 f.**
Openstreetmap.de.

**Nach nur einem Monat Krieg lag die Ukraine auf Rang 6 der weltweiten Fluchtbewegungen 108 f.**
Desilver, Drew: After a month of war, Ukrainian refugee crisis ranks among the world's worst in recent history, auf: pewresearch.org (25.3.2022); Pätzold, André u. a.: Bislang 5,4 Millionen Geflüchtete aus der Ukraine, auf: waz.de (28.4.2022); BBC (Hg.): How many Ukrainians have fled their homes and where have they gone?, auf: bbc.com (28.4.2022).

**Länder, in denen am Iwan-Kupala-Tag Partnerinnen gefangen werden 110 f.**
Mushynka, Mykola: Kupalo festival, auf: encyclopediaofukraine. com; Belarus (Hg.): Kupala nights in Belarus, auf: belarus.by.

**Ergebnisse des Referendums über die Unabhängigkeit der Ukraine im Jahr 1991 112 f.**
Young, Thomas: 10 maps that explain Ukraine's struggle for independence, auf: brookings.edu (21.5.2015).

**Der Euromajdan im Vergleich 114 f.**
Whitmore, Brian: Ukraine‹s Threat to Putin, auf: theatlantic.com (6.12.2013); bundesregierung.de; runde-ecke-leipzig.de; vienna.at; PoliPedia (Hg.): Euromaidan, auf: polipedia.at (2.4.2014); Weisflog, Christian; Mijnssen, Ivo: Chronologie der Maidan-Revolution, auf: nzz.ch (22.4.2022).

**Wörter, die im Ukrainischen und Deutschen gleich klingen 116 f.**
Eigene Recherche.

**Pressefreiheit 118 f.**
Reporter ohne Grenzen (Hg.): Rangliste der Pressefreiheit, auf: reporter-ohne-grenzen.de.

**Hierhin würden Ukrainer:innen zum Arbeiten gehen 120 f.**
Chadschy, Natalja: Опрос показал, в какие страны украинцы предпочитают ехать на заработки, auf: unian.net (2.12.2021).

**Nur drei Wahrzeichen auf den ukrainischen Banknoten liegen nicht in Kyjiw 122 f.**
Bank.gov.ua.

**Anbaufläche für Sonnenblumen in der Ukraine war 2021 etwa so groß wie Litauen 124 f.**
Bauernblatt (Hg.): Die Ukraine ist das weltweit bedeutendste Anbauland für Sonnenblumen, auf: bauernblatt.com (4.4.2022); Agrar Presseportal (Hg.): Sonnenblume aus der Ukraine: Wie wirkt sich der Krieg auf den globalen Markt aus?, auf: agrar-presseportal. de (28.3.2022).

**Länder, in denen zwischen 1981 und 2015 im Nationalparlament Gewalt ausgebrochen ist, und bevorzugte Kampfmethode 126 f.**
Doering, Kai: 10. März 1950: Als Wehner einen Nazi aus dem Bundestag prügelte, auf: vorwaerts.de (10.3.2021); Gandrud, Christopher: Two sword lengths apart: Credible commitment problems and physical violence in democratic national legislatures, in: Journal of Peace Research, (53)2016, Nr. 1, S. 130-145.

**Unfälle in Reaktoren und Atomkraftwerken 128 f.**
Bpb.de; Base.bund.de.

**Top 15 Maisexporteure 130 f.**
Comtrade.un.org; Zinke, Olaf: Europa fehlt der Mais aus der Ukraine: Die Futterkrise eskaliert, auf: agrarheute.com (16.3.2022).

**Abhängigkeit von Mais aus der Ukraine 132 f.**
Comtrade.un.org; The Economist (Hg.): How the Invasion of Ukraine Will Spread Hunger in the Middle East and Africa, auf: economist.com (12.3.2022).

**Twitter-Follower:innen 134 f.**
Socialblade.com.

**Länder, die den Holodomor offizell als Völkermord einstufen … 136 f.**
Holodomor Museum (Hg.): Worldwide Recognition of the Holodomor as Genicode, auf: holodomormuseum.org.ua; RFER (Hg.): Czech Parliament Recognizes Holodomor Famine In Ukraine As Genocide, auf: rferl.org (6.4.2022); Simon, Gerhard: Analyse: 80 Jahre Holodomor – die Große Hungersnot in der Ukraine, auf: bpb. de (28.11.2013); University of Minnesota (Hg.): Holodomor, auf: cla.umn.edu.

**Krieg in der Ukraine lange wenig beachtet 138 f.**
Trends.google.de.

**Das ukrainische Parlament, die Werchowna Rada 142 f.**
Rada.gov.ua.

**Staaten mit EU-Beitrittsgesuch 144 f.**
Tagesschau (Hg.): Georgien reicht EU-Beitrittsgesuch ein, auf: tagesschau.de (3.3.2022); Landeszentrale für politische Bildung Baden-Württemberg (Hg.): EU-Beitritt der Ukraine. Die Ukraine auf dem Weg in die Europäische Union, auf: osteuropa.lpb-bw.de.

**Kartoffel in ukrainischen Dialekten 146 f.**
Scontent-frt3-1.xx.fbcdn.net; Lugert, Verena: Heute gibt es Wareniki – ukrainische Teigtaschen, auf: spiegel.de (8.2.2021).

**Empörung über sowjetische Kriegslügen führte zum Namen Molotowcocktail 148 f.**
Pfaffenzeller, Martin: Geschichte einer explosiven Idee. Ein Cocktail für Molotow, auf: spiegel.de (8.2.2019).

**Kampf gegen Homosexualität 150 f.**
Francis Scarr (@francis_scarr), auf: twitter.com (26.4.2022;
13:35 Uhr).

**Das größte Flugzeug der Welt kommt aus der Ukraine 152 f.**
Luftfahrtmuseum-hannover.de.

**Gleichheit bei Einkommen und Vermögen 154 f.**
Data.un.org; statista.com.

**Wälder in der Ukraine 156 f.**
Globalforestwatch.org; earthenginepartners.appspot.com.

**Pipelines, die durch die Ukraine verlaufen 158 f.**
Sluschba Statistiki (Hg.): Газотранспортная система Украины
(карта труб), auf: stat.nonews.co; EurAsia Daily: Две трети
транзитных труб Украины »высохнут«, auf: eadaily.com
(22.3.2019); Landmesser, Detlev: Durch welche Pipelines kommt
das Gas?, auf: tagesschau.de (8.3.2022).

**Holocaust in der Ukraine 160 f.**
Yahadmap.org; Popowycz, Jennifer: The »Holocaust by Bullets« in
Ukraine, auf: nationalww2museum.org (24.1.2022).

**Demos in Russland gegen den russischen Einmarsch in die
Ukraine 162 f.**
ОВД-News (Hg.): Списки задержанных в связи с акцией
против войны с Украиной 24 февраля 2022 года, auf:
ovd.news (24.2.2022); Euronews (Hg): Kritik an russischen
Streitkräften: 15 Jahre Haft, auf: euronews.com (3.3.2022).

**Sag mal Paljanyzja 164 f.**
Eigene Recherche.

**Auslandseinsätze rechtsextremer Söldnertruppen 166 f.**
Daily Sabah (Hg.): Russia's Wagner Group's Presence in Africa Goes
Beyond Libya, auf: dailysabah.com (4.3.2021); Berliner Zeitung
(Hg.): Russland schickt Wagner-Söldner nach Kiew, auf: berliner-
zeitung.de (28.2.2022); Schmidt, Friedrich; Thielke, Thilo: Auf der
Jagd nach Diamanten und Uran, auf: faz.net (14.01.2019).

**Wie viel vom Staatshaushalt für das Militär ausgegeben wurde
168 f.**
Sipri (Hg.): Military Expenditure Database, auf: sipri.org (3.11.2021);
cia.org.

**Nur wenige Länder mit Sanktionen gegen Russland 170 f.**
Correctiv (Hg.): Sanktionstracker. Aktuelle Sanktionen gegen
Russland, auf: correctiv.org; Al Jazeera (Hg.): Russia Issues List of
»Unfriendly« Countries Amid Ukraine Crisis, auf: aljazeera.com
(8.3.2022).

**Traditionelle Muster 172 f.**
5.ua; unknownukraine.com.

**Die Ausgewanderten 174 f.**
Destatis.de; mediendienst-integration.de.

**Radioaktive Hotspots 10 Jahre nach der Nuklearkatastrophe
von Tschornobyl 176 f.**
University of Texas Libraries: Radiation Hotspots Resulting From the
Chornobyl' Nuclear Power Plant Accident, auf: maps.lib.utexas.edu.

**Hier wird überwiegend ... gesprochen 178 f.**
Von Osten, Demian: Russische Pässe für Donbass-Einwohner, auf:
tagesschau.de (15.4.2021).

**Nikolai Gogols Lebensstationen 180 f.**
Delgado, Yolanda: The Final Days of Russian Writers: Nikolai Gogol
and Anton Chekhov, auf: rbth.com (5.6.2014).

**Länder, die offiziell zweimal Weihnachten feiern 182 f.**
NewsMaker (Hg.): Рождество официально празднуют дважды
в пяти странах. Где еще, кроме Молдовы?, auf: newsmaker.md
(25.12.2017).

**An diesem Buch haben mitgewirkt**

Nils Baschab, Philipp Bauer, Louise Blöß, Jeremy Connor, Jonathan Dehn, Tim Ehlers, Benjamin Fredrich, Alexander Fürniß, Kristin Gora, Lilly Graschl, Patricia Haensel, Sebastian Haupt, Laura Heinisch, Juli Katz, Anja Köneke, Daniela Krenn, Felix Lange, Lukas Laureck, Tobias Müller, Iris Ott, Roksana Panashchuk, Max Rieck, Martje Rust, Travis Sauer, Cornelia Schimek, Judith Schneider, Stefanie Schuldt, Mascha Shykolay, Phillip Shykolay, Steffen Teichmann, Bohdana Trachuk, Jasemin Uysal, Sebastian Wolter.